本当はすごい
早生まれ

瀧靖之 東北大学教授

飛鳥新社

はじめに

この本の執筆のお声がけをいただいたのは、ちょうど早生まれの息子の中学受験本番が、いよいよ数カ月後に迫った2023年の秋のことでした。その頃の私は、息子の成績を見て、「もし、4月や5月生まれだったら……」と頭をよぎることがありました。

早生まれの子の受験は大変です。何せ、エンジンがかからない。息子の勉強にようやく勢いが出たのは、受験後、中学校に入ってからのことです。ですから、「そのアクセル、4月や5月生まれなら受験期に踏めたかも……」と、つい思ってしまったのも事実です。

息子と一緒に受験勉強に取り組むなど、脳科学者としての知見も生かしながら、自分なりに中学受験を経験してきました。その中で、「どうやら早生まれの子と、そうではない子の間には差がありそうだ」というのは、うすうす感じていたことでした。

本書に本格的に取り組み始めたのは、そのためです。

これまで何となく気になっていながら、とはいえ深く考えたことはなかった「早生まれ」について、一度じっくりと考えてみたくなったからです。私自身は11月生まれということもあり、自分の人生の中で、生まれ月のメリットもデメリットも感じたことがありません。ですからなおさら、「早生まれに何があるのか」を、知りたくなったのかもしれません。

早生まれの子どもや、早生まれですでに大人となった「早生まれ族」には、一体そうでない人とどういう違いがあるのか。それを探るのが本書の大きなテーマとなります。のちほど改めてご紹介しますが、「早生まれ族」というのは作家の綿矢りささんの言葉です。「早生まれの人たち」をひと言で示す新しい言葉だと感じ、本書内でたびたび使わせていただいています。

私は、脳の発達や加齢のメカニズムを明らかにする研究者として、日々、人々の脳について考えています。**脳の発達、加齢に関して多くの研究を遂行し、また日々多くの研究論文も読んでいる立場です。**

ですから、早生まれの子も、そうでない子も、「脳の機能としては変わらない」ということは、わかり過ぎるほどにわかっているわけです。

その上で、何か違いが生じているのだとしたら、その理由はどこにあるのか。それはポジティブなメッセージなのか、もしくはネガティブなメッセージに終わるのか。

正直、不安な気持ちで始めたこのプロジェクトでしたが、進めるうちに、今まで見えなかった世界が見えてきました。

『本当はすごい早生まれ』というタイトルの本書ですが、正直に申し上げれば、「すごい」話ばかりではありません。厳しい現実もしっかりと調べ、書き込みました。

しかし最後にたどり着いたのは、

「早生まれって、すごくいい！」

という結論でした。
私も、最初からこの結論が見えていたわけではありません。ですから、「はじめに」を書いている今、正直ほっとした気持ちでいます（「はじめに」を最後に書いているのがバレてしまいますが……）。

本書は、**早生まれの子育てをしている方、これから早生まれのお子さんを迎える方、そしてご自身が早生まれという方**に、ぜひ手にとっていただけたらと思います。**特に、子育てで悩んでいる、成績の伸びが心配という方に役立つような、具体的かつ科学的な提案をたくさん盛り込みました。**

特に早生まれに関しては、「不利」といった言説が飛び交うことがあります。そのようなデータの読み解き方も、あわせてご紹介しています。

私自身、早生まれの息子を育てる親であると同時に、脳の専門家ということで、引用しているデータはエビデンスを重視しています。そのため、多少硬い部分もあるかもしれませんが、できる限りやさしくご説明していますので、安心して読み進めて下さい。

読み終えた頃には、ご自身やお子さんが早生まれであることが、ちょっと嬉しく思えるはずです。そして本書が目指しているのは、「早生まれは不利」という、何となく皆が持っているステレオタイプを変えることです。そのためには、早生まれ族の皆さんのお力が必要です。本書を読むことで、まずはご自身から、そのステレオタイプを壊し、本当はすごい早生まれの可能性について気づいていただけたらと思います。

２０２５年　早生まれの息子を持つ父　瀧靖之

CONTENTS

第1章

早生まれにとって大切なたったひとつのこと

第2章
早生まれ族は、何歳で急成長するのか

第3章 早生まれだけが持っている武器

序章

早生まれって不利なの？

「早生まれ」についての基礎知識

「本当はすごい早生まれ」……そういわれて本書を手にとったあなたは、もしかしたら

・ご自身が早生まれ
・お子さんが早生まれ（もしくはこれから生まれるお子さんが早生まれ）

という方が大部分ではないでしょうか。

「早生まれがすごいって、どういうこと？」という期待がある一方で、早生まれに関して何らかの不安をお持ちの方もいるかもしれません。お子さんの成績の伸びや受験に関して、「もしかして早生まれのせいかもしれない……」と、心配をしている方

もいるでしょう。また、親子で早生まれのために、早生まれとしての科学的、教育的な知識をしっかりと仕入れておきたいという要望もあるかもしれません。

では、早生まれとは、正確にはいつからいつまでのことをいうのでしょうか。そして、それはなぜなのでしょうか。

意外と知らない！ 4月1日生まれが「早生まれ」

日本では、1月1日から4月1日までに生まれた人が「早生まれ」とされ、4月2日から12月31日までに生まれた人は「遅生まれ」とされます。学年の中で一番最初の誕生日となるのが4月2日、最後となるのが翌年の4月1日です。生まれた年が違う子どもたちが同じ学年になるのは、「学校教育法　十七条」に次のように定められているからです。

保護者は、子の満六歳に達した日の翌日以後における最初の学年の初めから、満十二歳に達した日の属する学年の終わりまで、これを小学校又は特別支援学校の小学部に就学させる義務を負う

日本では、小学校の始まりは4月1日と定められています。そのため、6歳の誕生日を迎えた満6歳の子は、7歳の誕生日を迎える前の4月に、小学生になるのです。ちょっとわかりにくいのが、4月1日生まれの子です。4月1日生まれの子が、なぜ前の学年の最後になるのか、不思議ですよね。他の4月生まれの子より1年早く小学校に入学するのは、「満年齢」の数え方が民法で定められているからです。

民法では、誕生日の前日の24時に一つ歳をとることとなっています。そのため法律上は、4月1日生まれの子が満6歳になるのは3月31日の夜の24時。「満六歳に達した日（3月31日）の翌日以後における最初の学年の初め」となるのは、実際に誕生日を迎える4月1日となります。

満年齢の数え方のために、4月1日生まれの子は、一足早く小学校へ入学することになるわけです。

子どもが生まれた日は、保育園の入園式の日だった

学年の境目付近の誕生日の子は入学年を選べる国もありますが、日本ではそうはいきません。そのため、小学校入学のはるか前から、この「早生まれ」という制度は親を悩ませています。入学に悩まされるのは、小学校だけではないからです。

4月1日の夜1時に陣痛が来たあるお母さんは、痛むお腹を抱えながら病院へ。そばにいた助産師さんに、「何とか明日になりませんか？」と聞いたといいます。「そんなことといってないで、もう生まれますよ！」といわれ、その朝に元気な男の子が誕生。

4月1日生まれとなりました。

このお母さんが4月2日に産みたかったのには、訳がありました。生まれたその日、同学年になる子どもたちの保育園の入園式が行われていたからです。当時は保育園に入るのが非常に難しかっただけでなく、4月の保育園入園者はた

いてい1月から2月に決定します。**そもそも早生まれの子の多くが、応募さえできないのです。**上の子がいたこのお母さんは、ほんの数時間の違いで、保育園へ入園させることができず、仕事の復帰が大きく遠のいてしまったのです。

「何とか遅生まれに」と親が願うのは、実はこのような制度の壁も関係しています。入学年度が選べない日本では、数時間の差が大きな違いを生んでしまうのです。

「早生まれは不利」という研究結果で見えてきたこと

早生まれの子は、不利。

そんな風に思われている方も多いと思います。実際にそれを証明するような研究もあります。**2020年に東京大学大学院の山口慎太郎教授が発表した論文は、「早生まれは不利」ということを裏づけるような内容であったため、多くのメディアで話題になりました**。[*1] そのため、早生まれが負うとされるハンディキャップに、改めて関心が集まることになったのです。

もしかしたら、その論文を知っていて、本書を手に取った方もいるかもしれませんね。

4月2日に生まれていれば優秀になった？

ただ、論文の読み方にはコツがいるというのも事実です。実際、この論文に対しては、次の部分に注目した方が多かったように思います。

- 遅生まれの子どもほど成績が良い。
- 学年が上がれば学力の差は縮まるが、差は残る。
- 進学した高校の平均偏差値は、3月生まれは4月の遅生まれの子よりも4・5ポイント低い。

確かに、これらの内容に注目すれば、「早生まれの子の学力は低い」ということが証明されてしまったように思えます。

では早生まれの子は生まれつき、学力が低いのでしょうか？

ちょっと落ち着いて考えてみてみれば、そんなことはないということがわかります。**４月１日が予定日だった子が、１日遅れて４月２日生まれになったことで、学力が大幅に上がるということはないからです。**脳科学の観点からいえば、たった１日の違いで、その子が持つ能力が変わるということはありません。

では、何に違いがあるのか。

それは「早生まれの環境」です。

この環境の違いが「早生まれ」と「遅生まれ」に差をつくっているのです。

「早生まれ」を伸ばすキーワードは「非認知能力」

では、どのような環境が整えば、「早生まれ」の子を伸ばすことができるのでしょうか。実は山口氏の論文は、この点にこそ注目してもらいたいものなのです。ここに、本書を通じて皆さんにお伝えしていく「早生まれ」を伸ばすヒントがあるからです。

論文には、次のような内容が含まれていました。

- 遅生まれの子どもほど「非認知能力」が高く、その傾向は学年が上がっても続く。
- 早生まれの子どもは遅生まれの子どもより、勉強や読書の時間が長く、学習塾に通う割合が高い。一方、外遊びや運動をする時間や、スポーツや音楽などの習い事をしている割合は低い。
- 早生まれの子どもは「先生や友だちから認められていない」と感じていることが多く、対人関係の苦手意識が高い。

ここでポイントとなるのが、最初に登場した「非認知能力」です。

先にあげた3点は全て、この非認知能力に関わります。この能力に注目して調査を見ていくと、違う景色が見えてきます。

「非認知能力」が人生の結果を左右する

早生まれの子が相対的に低いとされる非認知能力とは、どのような能力なのでしょうか。

「認知能力」がＩＱや学力などテストで測ることができる能力だとすると、非認知能力は、「自制心、意欲、協調性など、テストでは測れない（認知できない）けれども、生きていく上で重要な能力」と一般的に定義されます。

実はこの非認知能力は、「学力に加えて、将来の成功に関わる」ということが研究で明らかになっています。そうであるなら、「非認知能力をいかに伸ばすか」が、早生まれの子の子育てのポイントになりそうです。ちなみに山口氏の調査では、「統制性」「自制心」「自己効力感」という3つを「非認知スキル」として測定しています。

ここで一度、まとめておきましょう。

認知能力　ＩＱ、学力などの知的な力。知識、技能、思考力などが含まれる。
↓測ることが可能。勉強や訓練で伸ばすことができる力。

非認知能力　自制心、意欲、協調性など。自分や感情をコントロールする、目標に向けて頑張る、周囲と協力する力。
↓測ることができない。親の声かけ、遊び、スポーツや芸術系の習い事、友だちとの関係などによって培われる。

早生まれの子の非認知能力が相対的に低いのは、低年齢では生まれ月による発育の差が大きいため、体格や運動面、活動面、コミュニケーションなど各場面で引け目を感じてしまうことが一因です。
でもそうであれば、その点を伸ばす活動や取り組みに力を入れればいい、ということになります。

ご自身が早生まれの場合は、これまで興味を持って取り組んできたことなどを振り返り、どんなことが現在の自分の能力を押し上げたのかを振り返ってみて下さい。親から「勉強しなさい！」といわれながらも、夢中になって続けたバンド活動や部活動が、今のあなたの能力をつくり上げたベースとなっているかもしれません。

目の前の成績より外遊びが大事な理由

調査では、「早生まれの子は、遅生まれの子よりも、長い時間勉強している」ことがわかっています。「塾に通う割合が高い」ということは、親が勉強での遅れを心配して、通わせているということでしょう。

一方で、その他の時間が削られていることも見て取れます。

外遊び、スポーツ、音楽、絵画などの習い事は、非認知能力を伸ばしてくれます。ピアノ教室に通うかわりに学習塾に所属することは、目の前の成績を上げることにつながるかもしれません。しかし、将来的な成績の伸びを支えてくれるのは、音楽で培う非認知能力かもしれないのです。音楽と学力については、第3章で詳しくご説明します。

運動が「暗記力」を高める？

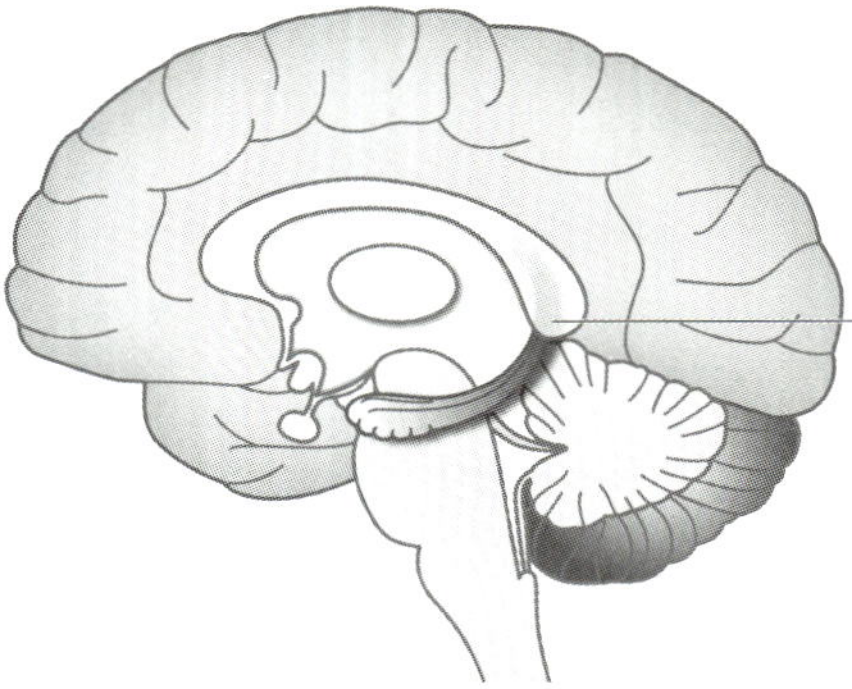

外遊びやスポーツ系の習い事は、非認知能力を伸ばすだけではありません。意外に思われるかもしれませんが、運動は直接、脳を成長させることがわかっています。

運動をすると、記憶を担当する脳の中の「海馬」の体積が増えるという調査結果があります。[*2] 左右に一対あり、タツノオトシゴの形に似ているために、その別名である「海馬」と命名されました。かわいい名前ですが、短期記憶を長期記憶に変えてくれる超優秀な脳の領域です。

つまり海馬が発達していれば、それだけ暗記作業が楽になると考えられます。**体を鍛えることで海馬が育つのであれば、特に幼い頃の運動は、そのまま脳を育てることにつながります。**

早生まれのお子さんの成績を気にして塾探しをする前に、一度「この子を伸ばす方法や習い事が、他にあるのではないか」と考えてみることは無駄ではありません。もしかすると塾に行くよりも、公園を親子で走り回ったり、スポーツをする方が子どもの脳が育つかもしれないのです。

早生まれの成功を握るカギは「自己肯定感」

早生まれの子どもは、「先生や友だちから認められていない」と感じていることも、この調査が明らかにしたことです。対人関係の苦手意識も、このような「周囲はわかってくれない」という気持ちに起因しているのかもしれません。

実は、これはとても大きな問題です。

自分のことを大切だと思える「自己肯定感」や、自分が頑張ることで何かを達成できると思える「自己効力感」は、人の能力を大きく左右する要素であることが数々の研究で明らかにされています。

「自己肯定感が高いほど大学の成績が高い」[*3]、「高校生の自己効力感と学力の関係か

ら、自己効力感は学力向上の大きな要因であることが明らかになった」[*4]など、「自己肯定感・自己効力感が高いほど、学力も高い」ということを、これらの研究は示しています。つまり、「人間の能力は、自己肯定感・自己効力感によって左右される」ということです。

早生まれの人の成績が振るわないとしたら、それは自己肯定感・自己効力感が低いからかもしれません。これらの感情の高低は、生まれつきのものではなく、高くもなり、低くもなります。「いかに高い状態にして維持するか」が、分かれ目になるのです。

早生まれの子には伸びしろがある

「早生まれの人はなぜ不利なのか」という視点で論文を読むと、逆説的に、早生まれの伸びしろがみえてきます。

今回の論文から読み取れるのは、「非認知能力を高める子育てをすれば、早生まれの子は伸びる可能性もあるのでは」と考えられることです。

この論文からだけでなく、私自身は、他にも「早生まれは有利」といえる理由があると考えています。脳科学の立場で考えれば、脳が若いうちに多くの刺激を受けることは、プラスのことだからです。なぜ有利なのかについては、本書を通じてじっくりと説明をしていきたいと思います。

論文や研究は「傾向がある」だけで個人には当てはまらない

ここまで、早生まれの研究結果に関して論じてきましたが、実はこの論文は、あなたやあなたのお子さんには当てはまらないかもしれません。

「自分はずっと成績が良かった」「自己肯定感も高い」「自制心も意欲も協調性もあるから、非認知能力は高い」という方もいるでしょう。学業やビジネス、専門職で成功されている方も多いはずです。

研究結果が自分に当てはまらない。それは当たり前のことです。

センセーショナルな論文や研究が出ると、それをそのまま受け取ってしまう人がいますが、必ずしもそうではないことも多々あります。たとえ「統計的に有意な研究」

だとされていたとしても、集団の傾向としては正しくても、必ずしも個々の方々に当てはまるわけではない。つまりそれがあなたやあなたのお子さんに必ずしも当てはまるとは限らない、ということです。

「女性は男性より共感力が高い」とは必ずしもいえない

種々の研究から、集団で見た差違には確かに脳の機能、例えば共感性について、男女差があることがわかっています。共感性指数は女性が高く、システム化指数は男性が高いことがわかっていて、「統計的に有意な研究結果」ですが、実際には共感性指数の高い男性やシステム化指数の高い女性もいるため、オーバーラップも非常に大きいことがわかっています。[*5]

「共感性指数」は、どのくらい他者の感情を理解できるかを表します。「システム化指数」は、分析と探索にどの程度関心を示すかを表します。

つまり、性格の特性に統計的には性差があっても、一人ひとりを見ていくと重なりもとても大きいのです。ですから、共感力の非常に高い男児もいれば、分析力に優れた女児もいる。**あなたやあなたのお子さんが、男児だから、女児だからどうとはいえないわけです。**

「女の人は皆共感力がある」という言い方は間違いで、「集団で比べると確かに女性は統計学的に有意に男性より共感性が高いが、だからといって個々の女性は皆、男性よりも共感性が高いとは限らない。つまり目の前の一人の女性にそれを機械的に当てはめてはいけない」というのが正確な言い方です。

「統計的に有意」な研究が、自分に当てはまらないワケ

このように「統計的に有意」な研究であっても、それがそのまま個人にピタリと当てはまるわけではありません。これまで出てきた、そしてこれからも出てくるであろう「早生まれ研究」も、様子は同じです。

「成績が良い人もいれば、中間の人も、悪い人もいる」

「自己肯定感が高い人もいれば、中間の人も、低い人もいる」
「非認知能力が高い人もいれば、中間の人も、低い人もいる」

多くの調査結果が、このようなグラデーションの中から導き出されているということを頭に置いておきましょう。

本書ではこの後も、様々な研究結果をご紹介していきますが、研究結果というのはそもそもグラデーションの中にあり、個人にピタリと当てはまるようなものではない、ということは覚えておいて下さい。

このような論文の読み方を身につけておけば、無駄に喜んだり、むやみにがっかりしたりすることはなくなるはずです。

大きな群で見ると統計学的に有意差はある。しかし、そこには非常に多くの重なりがある。それが研究の本質です。**全体としてそのような傾向があることと、個人に当てはまることは必ずしも一致しない、むしろそうでないことも少なからずある、としっかりと理解しておきましょう。**

男の子の早生まれはなおさら成長がゆっくり？

早生まれと同じか、それ以上に統計として存在するのが、男女の成長差の違いです。[*6]

この研究も「統計学的に有意差はあるが、非常に多くの重なりがあり、個人に当てはまるものではない」ということを念頭に置いて確認していきましょう。

これは子育ての実感として感じている方が多いと思いますが、女児の方が成長が早いというのは、統計的にいえば脳についてはそのような報告があります。

次のページのグラフは、「大脳皮質」とも呼ばれる、ニューロンが集まった「灰白質」という「脳を覆う皮」の成長を、脳の前頭葉灰白質、頭頂葉灰白質、側頭葉灰白質、後頭葉灰白質の4つの体積で表したグラフです。

表1　男女の脳のピークの差

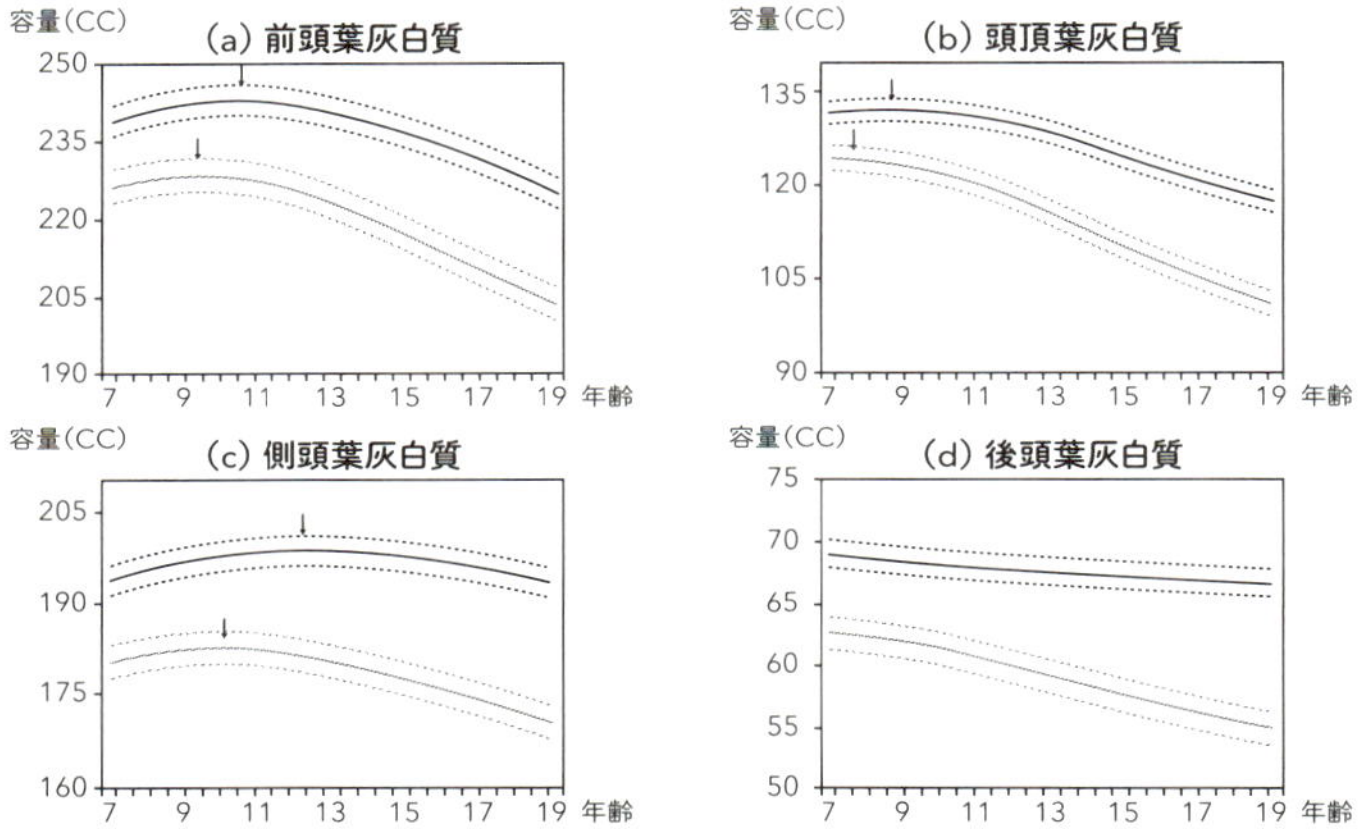

（出所）Nitin Gogtay, et al.（2010）を基に筆者改変

上の線が男子の脳発達、下の線が女子の脳発達です。（a）（b）（c）のそれぞれのグラフに矢印があるのがわかります。そこが脳の成長のピークです。いずれも、女子の脳の方が矢印が手前に来ていることがわかります。つまり、女児の方がおおよそ1歳程度早く、脳の成長のピークを迎えているのです。

昔から「一姫二太郎」といわれるのは、女の子の方が成長が早く、育てやすいからかもしれません。

誰よりも若いうちに脳が刺激を受ける

このように研究だけを見ていくと、こんなふうに思われるかもしれません。

「男の子の早生まれの子は、すでに1年遅れているだけでなく、女の子から1年脳の成長が遅れているとすると、遅生まれの女の子に2年も遅れているということ？」

ただこれは裏を返せば、誰よりも脳が若いうちに、刺激を受けることができるということです。

保育園や幼稚園など集団の中に、誰よりも脳が若いうちに入る。誰よりも脳が若いうちに、勉強を始めることになる、ということです。これは実は脳科学的に見れば大きなメリットです。

それは、脳には「可塑性《かそせい》」という性質があるからです。

早生まれには「変化に強い力」が備わっている！

「早生まれが本当はすごい」のは、脳に「可塑性」という性質があるからともいえると思います。

「可塑」というのは聞きなれない言葉だと思います。これは「思い通りに物の形をつくること」をいいます。脳には、「思い通りに脳自体をつくることができる・変化させることができる」という性質が備わっています。

実は、この可塑性は何歳になっても残ります。例えば10歳になっても、30歳になっても、50歳になっても、70歳になっても、新しいことを学ぶことができるのは、脳に可塑性があるからです。ただし、可塑性は「若い脳の方が高い」ということもわかっています。**新しいことを学ぶのであれば若いうちの方がいい、ということは、皆さん**

も実感として感じているはずです。

早生まれは、可塑性を高めまくっている

早生まれの子というのは、結果的に他の子よりも一足早く集団生活に入り、様々なことをスタートすることになります。多くの他者とコミュニケーションをするのも、体操をするのも、絵を描くのも、合唱をするのも、合奏をするのも、勉強をするのも、遅生まれの子よりも脳が若いうちに始めることになるのです。

これは実は、早生まれの大きなメリットです。

なぜなら脳の可塑性を、より早いうちから高めることになるからです。脳が若いうちに、いろいろな経験ができるということですね。1年早く難しい問題にチャレンジしていくことになるからです。

結果的に早生まれという状況は、脳の可塑性を高めることにつながるともいえます。思考、判断、記憶などの脳に対する負荷を、周りの子よりも早い段階でしっかり

かけていくということは、脳の機能的な側面から見ればかなり大きなプラスなのです。

脳は効率重視。周りに存在しない音は、聞こえなくなる

ここで少し、脳の基本戦略、特に「成長戦略」についてお話をしておきましょう。脳は、「まず、周囲の環境を受け入れ、次にほとんど使わないものを少しずつ切り捨てていく」という方針を持っています。

若い脳は特に、あらゆる環境に対応できるような柔軟な状態になっています。何においても、小さな子がすぐに覚えてしまうのは、そのためです。しかし、その後、使われなくなったネットワークは少しずつ切り捨てていくと考えられています。なぜなら、そのようなネットワークを脳に持っていても、多くの場合エネルギーの無駄だからです。

脳はコスパ重視なのです。

言語を例にとって、この性質を説明するとわかりやすいと思います。8カ月くらいまでの赤ちゃんは、どんな言語のどんな発音や抑揚《よくよう》も、完璧に聞き取ることができると考えられています。

しかしそれ以降、周囲から聞こえてこない音は、少しずつ聞き取りにくくなると考えられます。例えば、日本人の「L」と「R」を聞き取るための音感も、磨かれずに落ちていくと考えられます。なぜなら、日本語を母語として育つ場合、「L」と「R」を聞き分ける能力をほとんど使わないからです。

脳の限られたリソースを、使わないものに当てるのは無駄。コスパが悪いのです。

脳の発達戦略と早生まれは相性抜群

このような、「周囲の環境を受け入れ、次にほとんど使わないものを少しずつ切り捨てていく」という脳の成長は、脳の部位によって違いはありますが、脳が発達する限り続いていきます。

早生まれの子というは、あらゆる物事を、遅生まれの子より、脳が若いうちに取り込むことになります。つまり、「周囲の環境を受け入れる」という戦略がはまる確率が高い、ということがいえるかもしれません。いつでも少し若い脳で、つまり受け入れやすい脳で、物事に取り組むことになるからです。

実際に、その年の4月の子と3月の子が、同じことを学んでいるというのは、すごいことです。早生まれの子は、実は1年先を行っているのです。

なぜ、遅生まれの子の方が成績がいいのか

このように、脳の可塑性という側面で見れば、早生まれの子は遅生まれに対して有利なはずです。もちろん幼少期は、1年という物理的な差と脳の成長の男女差が、表面的な成績の差を生むことはあるでしょう。ただ、高校受験頃になれば、その差は縮まるどころか、早生まれの早期のポテンシャルが発揮されるフェーズに入るのではないかと考えています。

しかし、現状の調査では、そうなっていない。それはなぜなのか。

そこには、心理的な作用がマイナスに働いているのではないかと私は考えます。**学年の中で、「遅生まれの子の方が成績がいい」「リーダーは遅生まれの子」という状態**

に、物心がついたときから置かれることによって、「自分はこんなものかな」と考えてしまう。「後塵《こうじん》を拝《はい》す」ことが、何となく当たり前になってしまっているのかもしれません。この「思い込み」こそが、本当はすごい早生まれの子が、能力を発揮することを妨げているかもしれないのです。

「自分にはできない」という思い込みが悪い結果を招く

思い込みと成績の関連を示した研究があります。

ここで扱っている「思い込み」は、「女性は男性より数学が苦手」というものです。アメリカの女子大学生を対象にした「ステレオタイプの脅威」に関する調査を確認してみましょう。*7

この調査では、数学のテストの前に「このテストの成績に男女差はなかった」と説明した学生たちと、「このテストの成績に男女差があった」と説明した学生たちの成績を比べています。すると前者より後者の方が、成績が悪かったのです。

女子大学生は、「数学のテスト結果に性差がある」といわれたことで、自らの数学の成績を下げてしまったことになります。**これが「ステレオタイプの脅威」です。**「性差がある」と聞いただけで、「女性は数学が苦手」というステレオタイプに自らが囚われてしまったわけです。

子どもに対する類似の調査も行われています。幼稚園から小学校2年生の女児と母親を対象にしたイタリアの実験では、「母親が男児の方が算数は得意と思っているほど、女児の算数の成績が低下する」という関係が見られました。*8

例えば普段何気なく、「お母さんも算数が苦手だったのよ」「男の子は数学が得意だから」といったことを話していると、それが子どもの算数や数学の成績に、実際に影響してしまうということがわかっているのです。

これと同じことが、早生まれで起きているのではないか、というのが私の仮説です。

早生まれにも「ステレオタイプの脅威」がある

女子大学生の数学のテストでは、「ステレオタイプの脅威」を取り除けば、成績が向上することがわかりました。**ですから早生まれに対しても「ステレオタイプの脅威」を取り除くことができれば、可塑性によって積み増された能力を発揮することができるのではないでしょうか。**

早生まれの現状は、次のような状況にあります。

可塑性（プラス）＜ステレオタイプの脅威（マイナス）

つまり可塑性のプラスが、ステレオタイプの脅威のマイナスに負けているということです。結果として早生まれの方が、成績においても、非認知能力においても、遅生まれに負けているとしたら、もったいないことです。

ここで大事なのは、「早生まれは不利」という、何となく皆が持っているステレオタイプを変えることです。

ステレオタイプは変わる。変えることができる

ステレオタイプというのは、なかなか変えられないと思うかもしれません。

でも、そんなことはありません。例えば日本のジェンダーギャップも、足元においてはずいぶんと変化してきました。ジェンダーギャップ指数[*9]自体は、「政治参画」「経済参画」「教育」「健康」のうち、「政治参画」「経済参画」が足を引っ張っているために、146カ国中118位と下位に低迷しています。ただ、「教育」「健康」では世界トップクラスで、ほぼ平等を達成しているのです。

それは、実際の学校運営や行事を見聞きしていてもわかります。

次のお母さんのお話は、その変遷の一例です。


長男が小学生の頃は、運動会の紅組と白組の応援団長も、騎馬戦の両「大将」も、男の子が当たり前でした。6歳離れた二男の小学校最後の運動会では、白組の応

援団長だけが男の子で、紅組の応援団長と騎馬戦の2人の「大将」は、女の子でした。中学校では、今や「生徒会長は女の子」が当たり前です。

男の子が団長、大将、会長になるのが当たり前、というステレオタイプは、特に子どもの中では急速に失われているようです。

そうであるならば、生まれ月に関して持っているステレオタイプも、くずれていく可能性は大いにあります。そして、それを積極的にくずしていくのは、この本を読んでいる皆さんになるはずです。

「早生まれはすごい」、「早生まれは成績がいい」、「早生まれは成功する」……、そういうイメージを多くの方が持てるようになれば、「本当はすごい早生まれ」が名実ともに世の中に浸透していくだろうと思うのです。

第1章

早生まれにとって大切なたったひとつのこと

幼少期に褒めるだけで早生まれの不利は9割解決する

ここからは早生まれの人、「早生まれ族[*1]」が持つ可能性について考えていきます。どのようにしたら、その能力を伸ばすことができるのか。「早生まれ族の中の賢人」は、いかにしてその能力を伸ばしてきたのか。一緒に考えていきましょう。

私は先に「可塑性（プラス）＞ステレオタイプの脅威（マイナス）」が現状にあるとお話ししました。「ステレオタイプの脅威」をうまく排除されて育ってきた早生まれの人と、それを抱えたまま育ってきた人では、成績や仕事におけるパフォーマンスが違ってくるはずだと考えています。

ステレオタイプの脅威は、自己肯定感に大きく関わります。

「女性だから数学が苦手」というステレオタイプは、実際にその試験結果を下げたということは、お話しした通りです。「自分に対する不当な自分自身の評価（低い自己肯定感）」は、その人が持っている能力を実際に下げてしまうのです。

成績がいい子どもは自己肯定感も高い

自分のことを大切だと思える「自己肯定感」や、頑張ることで自分は何かを達成できると考える「自己効力感」の高さは、学力向上の大きな要因です。いくつもの研究で示されているこの結果は、「人間の能力は、自己肯定感（以下、自己効力感も含む）によって左右される」ということを示しています。

早生まれの子に、高い自己肯定感を持たせることができれば、早生まれの子が持つアドバンテージを発揮できるようになるはずです。

私は、年子がそのいい例だと考えています。
年子はある意味、生まれの月のギャップに関しては、遅生まれと早生まれの状況とほぼ同じです。

年子の下の子は優秀になりやすい？

年子の下の子は、たいてい兄や姉と一緒に育ちます。ある年子の方は、「双子みたいに育って、年が違うという感覚がなかった。何でも一緒にやっていた」といいます。

姉と年子だというある男性は、幼い頃から姉と競うように勉強をしてきたそうです。姉が習っている単元を一緒に勉強するので、勉強は常に先取り。姉が小学校に入学し、教科書を読んでいたときにはうらやましくて、一緒に読んでいたそうです。そんな形で自然と勉強をしていたその男性は、現役で東京大学に合格しています。

実は年子の下の子で、東大にストレートで入ったという方はこの方だけではありません。私の周りだけでもちらほらいるのですから、調べてみたらかなりの人数がいるのではないかと思います。

この年子の下の子の成功には、いくつかの理由がありそうです。

1　脳が若いうちに、学びの刺激を受ける
2　先取りで学んでいるために、成績が良くなる　↓　自己肯定感アップ
3　親に褒められる　↓　自己肯定感アップ

早生まれの子と年子の違いは、2と3。年子の子が自分の学年で有利な形でスタートできることと違い、早生まれはその状況にありません。年子の下の子は、何でも上の子と一緒にすることで、「小さいのにえらいね」と、周りから褒めてもらえます。これが自然と自己肯定感を高めると考えられるのです。

早生まれは「先取り」していると認識する

2は、状況ですので変えられませんが、**3は親の努力で変えることができます**。自己肯定感を上げる、少なくとも下げないようにすればいいのです。ある小学校の先生

は、「親が、子どもが早生まれであることを気にかけている場合、学校生活で心配な面が見られることはない」としています。早生まれという状況を、親がしっかりと理解していることがすでに、子どもの育ちを助けているのかもしれません。

勉強だけでなく、スポーツ選手でも、「兄・姉と一緒に始めて、弟・妹が活躍する」ということはよくあるものです。これは、早期にスタートできるというだけでなく、負けずに頑張る、周りから褒められるという環境に要因があるのではないかと思います。

自己肯定感を高く保ちやすいのが、年子の下の子なのかもしれません。

アンケートでわかった！「早生まれだと自己肯定感が下がりやすい」理由

能力の向上に欠かせない自己肯定感ですが、なぜ早生まれ族の自己肯定感は低くなってしまうのでしょうか？

小学校の低学年くらいまでは特に、個人差があるとはいえ、身体発達には歴然とした差があります。小学校のある時期までは、「足が速い」「スポーツが得意」な子が人気だったりもします。運動ができる子は、クラスの代表になることも多く、結果的に評価される機会も多いものです。

人から評価されれば、自己肯定感は上がり成績も上がりますから、それが遅生まれの子のプラスのサイクルを回すことにつながっているかもしれません。

早生まれの子どもを育てる親に聞いてわかったこと

編集部で行った「早生まれ一斉アンケート」*2でも、体格や体力に対する不安が示されています。この調査は、国内で0〜18歳の早生まれの子どもを育てている男女100人（養育者の性別：男57、女43）を対象に実施されました。

「子どもが早生まれであることによる影響を感じたことはありますか？」という質問には、「はい 35人」「いいえ 55人」「わからない 10人」。3割を超える人が、早生まれの影響を実際に感じているという結果が出ました。

自由回答（35人）による主な影響の上位3つとそのコメントは、次のようなものでした（複数回答あり）。

- 体格・体力・スポーツで不利　20人
- 発達・発育の差（保育面）　7人
- 成長の差（学業面含む）　5人

「体が小さく、体力がない」
「周りと体格が違う」
「身長が低くて心配」

実際に子育てをしている親御さんにとっての困りごとは、圧倒的に「体格・体力・スポーツで不利」というところにありました。年齢が低いほど、ここは顕著《けんちょ》に現れる部分だと思います。

幼稚園や保育園は、初めての集団生活ということもあり、他の子どもと比較して心配になってしまう様子も見られました。

「入園時、できないことが多かった」
「オムツはずれの時期に差がある」
「みんなについていけない」

園の生活で感じる不安が、ここに示されています。

学業面に関しては、それほど多くの言及はありませんでしたが、「教えてもらう立場になりやすい」というコメントがありました。

体が小さいうちは、人と比べない声かけを

アンケートから、子どもが早生まれであることによる影響を、親は主に「体格・体力・スポーツで不利」という部分で感じていることがわかりました。

そのような中で、**幼少期の家庭や学校での評価が「体格・体力・スポーツ」を中心としているならば、早生まれ族は褒められることが減り、自己肯定感の低下につながる可能性があります。**

これは親が感じているだけではありません。徒競走やリレーを通じて、足が遅い子や運動が苦手な子は、悔しい思いをしていることが多いかもしれません。人の目にさらされるというつらさもあります。このような状況がもしかすると、早生まれ族に劣

等感を与えているかもしれません。

物理的に体が大きければ、少なくとも子どもの頃は、周りよりできることが多くなると思います。3月末に生まれた早生まれの子のあるお母さんは、小児科の先生に「うちの息子、早生まれですけど大丈夫でしょうか？」と聞いたところ、「これだけ丸々していれば大丈夫です」といわれたとか。幼い頃は、体の大きさは一つの安心材料になるのかもしれません。

一方で体が小さいと、気持ち的に引いてしまうこともあるかもしれません。そのような学年の中での無意識の優劣が、自己肯定感へ反映されていく可能性もありそうです。

ここで**早生まれ族を育てる親ができることとは、まずは適切な声かけをすることです。**

特に体格や体力差があるうちは、周囲と比較しても仕方ありませんし、運動面で褒める場面を見つけるのが難しいこともあります。

では、どのように褒めればいいのか。

実は褒め方にもコツがあるのです。

自己肯定感を高める褒め方のコツ

「徒競走でビリのとき、どう褒めればいいの？」

そんな風に思われた方はもしかすると、いつも「結果」にフォーカスしているのではないでしょうか。「結果」だけを見ていると、確かに褒める部分は限られてしまいます。実は脳科学的には、「結果」や「状態」を褒めることは必ずしも良い成果を生まないことがわかっています。

結論をいえば、褒めるべきは「努力」です。

ちょっと根性論のように思われるかもしれませんが、これは科学が証明していることなのです。

自己肯定感を高める褒め方①　「結果」ではなく「努力」を褒める

1位だったから、100点をとったからと、その「結果」だけを褒めていると、人はできることとしかしなくなってしまいます。

あの有名なアドラー心理学でも、「結果を褒めてはいけない」と主張しています。アドラー心理学の研究者である哲学者の岸身一郎氏は、著書『叱らない、ほめない、命じない。——あたらしいリーダー論——』の中で、次のように述べています。[*3]

ほめることの問題点は二つあります。

一つには、ほめられるために頑張ろうとする人が出てくることです。上司からほめられた人たちは、無意識のうちに、上司からほめられることだけをするようになります。逆にいえば、ほめられないことは、何もしません。ほめてくれる人がいないかぎり、自分の判断で動くことがなくなると、子育ての場面でも、職場でも、困ったことになります。

1位をとれることだけをする。100点をとれる簡単な問題しかしなくなるなど、課題の継続という面で、悪影響が出てしまうのです。一方で、「努力」を褒められた人は、意欲が高まり努力し続けることがわかっています。

小学5年生を対象とした研究では、「努力を褒められた子ども」は、「知能を褒められた子ども」よりも、最終的に学業成績が向上したことが示されています。[*4] 失敗をしても、「努力」を褒められた子どもは、粘り強く、楽しみながら課題に挑戦し、最終的には成績が向上したといいます。一方で、「知性」を褒められた子どもは、成績が伸び悩む傾向がありました。

「やればできる」と思い、頑張ったのは、「努力」が評価された子だったのです。

お子さんが今、運動や勉強などでいい成績をとれなくても、問題ありません。なぜなら、自己肯定感を高め、人の能力を伸ばすためには、その「努力」に着目することが大切だからです。「足が速いね」「頭がいいね」と、「結果」や「状態」を褒めるのではなく、**「最後まで頑張ったね」「一生懸命勉強していたね」**と、その「努力」を見つけて伝えていきましょう。これはもちろん、遅生まれの子にも、会社の部下にも効果がある褒め方です。

自己肯定感を高める褒め方② 褒めると同時に、しっかり叱る

子どもの自己肯定感を高めるために、「努力」を褒めるのがよい、ということがわかりました。では、褒め続けるだけでいいのでしょうか。

実は、褒められるだけでは、十分ではありません。同時にしっかりと叱ることが大切なのです。

国立青少年教育振興機構が2018年に行った「子供の頃の体験がはぐくむ力とその成果に関する調査研究」[*5]という研究があります。子どもの頃の「親」「先生」「近所の人」からの、「褒められた経験（褒）」と「厳しく叱られた経験（叱）」を調査し、その割合（多・少）と、「現在の自己肯定感」「現在のへこたれない力」を比べたものです。

まず、「現在の自己肯定感」に注目して見てみましょう。

表2　現在の自己肯定感に影響を及ぼす要素

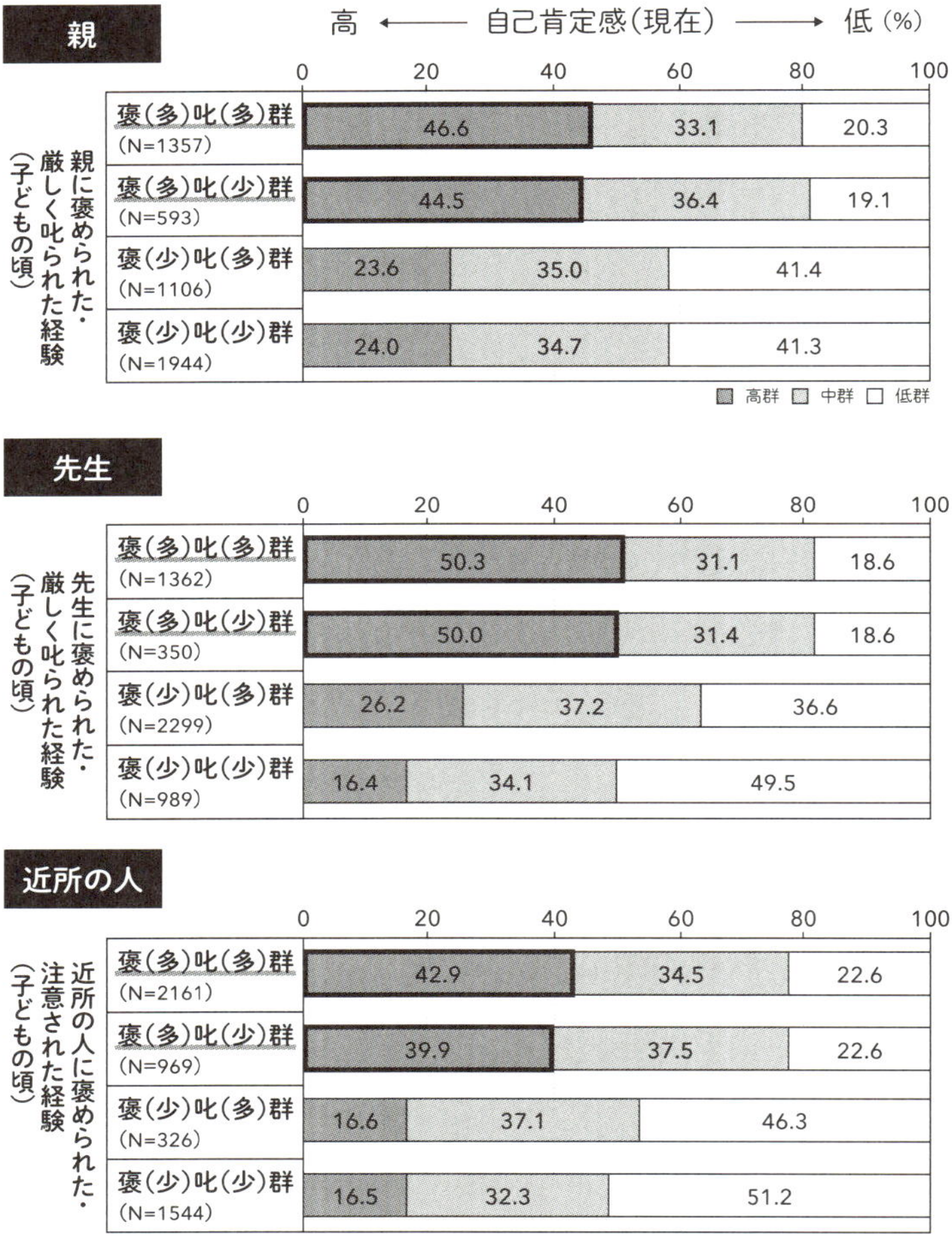

（出所）「子供の頃の体験がはぐくむ力とその成果に関する調査研究」（2018）を基に加工

「親」「先生」「近所の人」のいずれの場合も、**最も自己肯定感が高く育った大人は、「たくさん褒められ、たくさん叱られた群」でした。**「褒められてばかりで、叱られなかった群」より、叱られた人の方が自己肯定感が高い大人に育ったということです。もしかすると、褒められてばかりだと、その褒め言葉自体を軽く捉えてしまうのかもしれません。親には、「褒めるときには褒める、叱るときには叱る」というメリハリが求められそうです。

さらに見ていくと、**全体的に自己肯定感が低く出ているのは、「褒められもせず、叱られもしない群」だということがわかります。**褒めも叱りもしないということは、子どもに興味を示さないということです。周りの大人からの子どもに対する興味関心は、将来の自己肯定感に大きく関わってくるのです。

早生まれ族に必要なのは「へこたれない力」

最後に「現在のへこたれない力」と「親」との関係を見ておきましょう。「現在の

表3　現在のへこたれない力に影響を及ぼす要素

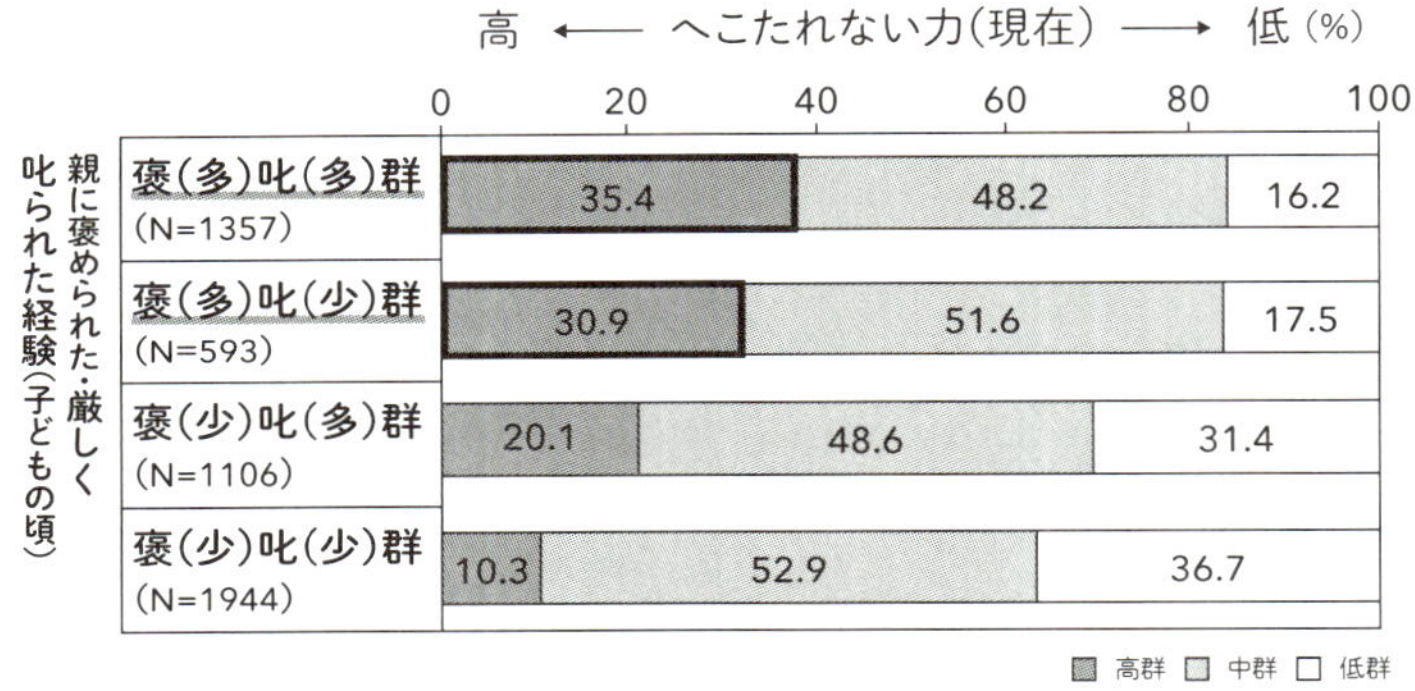

(出所)「子供の頃の体験がはぐくむ力とその成果に関する調査研究」(2018)を基に加工

へこたれない力」に関しては、親との関係のみを示しています。

ここではさらにはっきりと、「たくさん褒められ、たくさん叱られた群」と「褒められもせず、叱られもしない群」の差が出ています。

結果的に「大器晩成《たいきばんせい》」を狙うのが早生まれ族です。将来の成長のためには、自己肯定感と同時に、「へこたれない力」がどうしても必要です。なぜなら、幼少期から、ある人は小学校中学年、または高学年、ある人は中学生くらいまでは、同学年に遅れをとってしまう可能性があるからです。

「へこたれない力」は、「レジリエンス」とも言われ、人生や仕事において大切な力として近年注目されています。レジリエンスは「回復する力」のことで、「折れない心」と言い換えることもできます。

男子の中高一貫校の校長先生に聞いた、こんな話があります。その学校は、偏差値的に、トップ校の下のランクにあり、結果としていわゆる「御三家」などに不合格だった生徒が多く入学するといいます。

学校が中学1年生の1学期に特に重視するのは、まさにレジリエンスをはぐくむこと。いったん折れてしまった心を、回復させることだそうです。これは単に、生徒の心のケアという側面だけではないといいます。自己肯定感を回復させなければ、成績も伸びないから、というのです。

たとえ理想的な環境に身を置いていなくても、思い通りに行かなくても、自己肯定感を保ち、失敗しても何度でも挑戦できる「へこたれない力」を持つことは、早生まれ族がその後能力を発揮する礎となります。ちょっと注意されただけで、落ち込んでしまったり、諦めてしまったりしたら、何かを達成することはできません。

早生まれの子育て中の親御さんは特に、現在の「結果」や「状態」に目を向けるのではなく、「努力」に目を向けて、その「努力」をたくさん褒めていきましょう。そして、もちろん叱ることも忘れずに。

それが将来の早生まれ族を大いに助けてくれることになるのです。

「努力」と「褒める」で、脳は物理的に変化する

もしかすると皆さんの中には、「頭の良さは生まれつき」と思っている方がいるかもしれません。「地頭が違うから」などという方もいます。

しかし、そんなことはありません。脳は、「努力」に報いる器官です。「努力」をすれば、その領域の脳の体積を増やし、能力を高めることができることが示されているのです。[*6] 次のページの表を見てみましょう。

またちょっとだけ、脳科学の話をします。

発話や対話などの音声刺激は、脳の前頭葉の言語野などの灰白質密度（つまり脳の体積）を増やします。また、指先の運動は、脳の前頭葉の運動野などの灰白質密度を増やします。「灰白質」は、「大脳皮質」とも呼ばれるニューロン（神経細胞）が集まった

表4　灰白質密度とIQの関係性

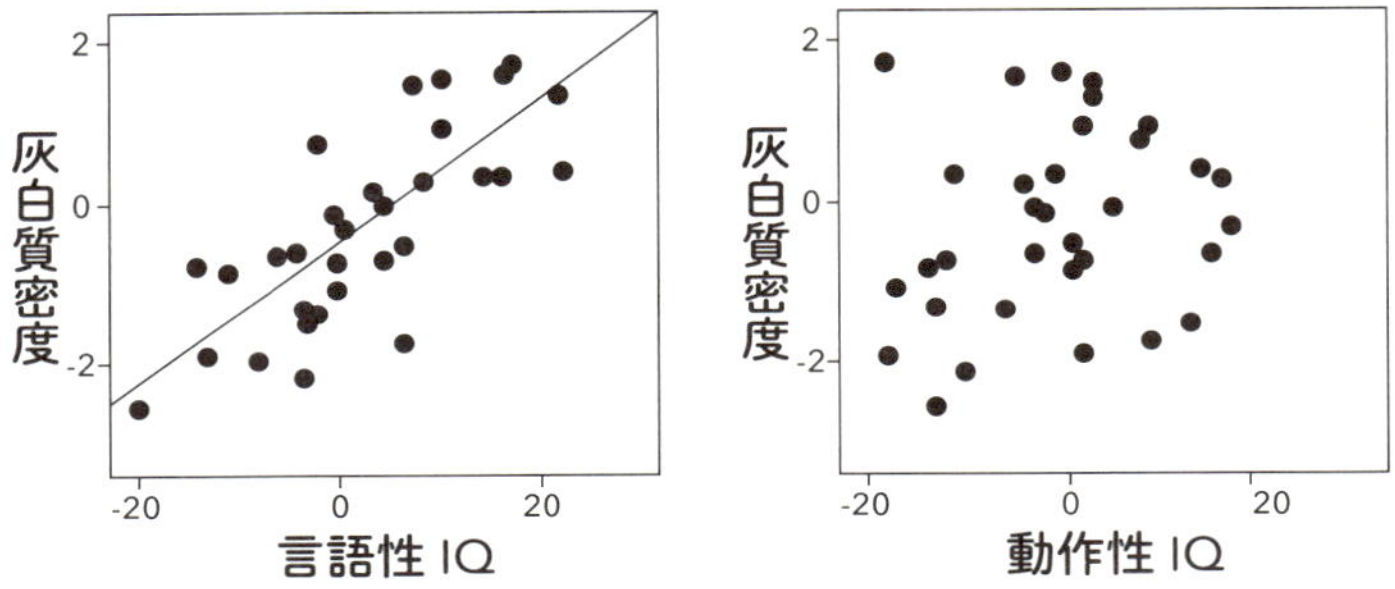

（出所）Sue Ramsden, et al.（2011）を基に筆者改変

「脳を覆う皮」のことでした（37ページ）。

つまり、音読をしたり、書き取りをしたりといった学びに伴う感覚運動が、脳の該当部分の体積を増やすことになるのです。

その灰白質密度とIQの関係を表したのが、上の表です。灰白質密度が増えるほど、言語性IQも、動作性IQも向上していることがわかります。単純化して表せば、次のようになります。

脳の様々な領域の機能を駆使して勉強する（努力）

↓

灰白質密度が増える（脳の体積がアップ）

↓

IQが上がる

脳は「努力」によって、その形まで変えてしまうのです。

褒める言葉は脳の栄養になる

「努力」が脳の灰白質密度を高めることがわかりました。しっかり勉強をすれば、脳の体積は増えてくれるわけです。「勉強をしても無駄だ」と思ったことがある皆さんも、これで安心して勉強を続けることができそうですね。

また、親の関わり方で脳の体積を増やすこともできます。

やり方は簡単。「褒める」ことです。

親が子どもを褒めると、どのように脳が変化するのかを見ていきましょう。私もこの研究に参加しています。１１６人の男子と１０９人の女子を対象とした実験です。子どもの平均年齢は10・6歳。親の子どもを褒める頻度と、脳の灰白質体積の関係を調べました。[*7]

この調査を通じて、親が子どもを褒める頻度が高いほど、子どもの「後部島皮質《こうぶとうひしつ》」の灰白質体積が増えていることがわかりました。

この後部島皮質の灰白質の体積の状態は、先行研究によると共感性との関わりがあるとされています。また、この領域は聴覚に関わる部分ですから、「褒め言葉の処理」によって、活性化している可能性があります。

親が子どもをたくさん褒めると、実際にその言葉を聞く脳の部分の体積が増えることが、科学的に明らかになったのです。

褒め言葉は、脳の栄養なのです。

子どもの「やってみたい」を伸ばす声かけ

子どもの脳の発達を促すためには、子どもをよく観察し、適切に褒めることが必要です。

学年の中で、自然と評価されることが多い遅生まれと違い、早生まれ族の子どもに対しては、周囲が積極的に褒めるところを見つけていくことが大切になります。

他者との比較ではなく、その子のいいところを見つけるのです。

褒める内容は、どんなことでもいいでしょう。足が速いこと、勉強ができることだけが、褒めるポイントではないはずです。

「小さい子にやさしいね」

「誰にでも笑顔で接しているね」

「一度言ったことを覚えていてくれて、助かる」
「上手に歌うね」
「色使いがいいね」

どんなことでもいいのです。
息子は恐竜が大好きだったので、小さい頃から恐竜の名前や特徴をよく覚えていました。「難しい名前が覚えられたね」など、褒めることは恐竜のことに自ずと集中しました。**学校の評価に直接結びつく内容ではありませんでしたが、「親が褒める」という状況は満たせていたと思います。**

夢中になっている子は、自然と褒めたくなる

たくさん褒めるという環境をつくるためには、子どもの「やってみたい」を伸ばす声かけをすることです。つまり、自分ならできるという「自己効力感」をはぐくむことです。

そのために大切なのは、小さな努力を常に認めることです。

親が「努力」に価値を置いていることを感じると、子どもはどんどん難しいことにもチャレンジするようになります。失敗しても、「頑張れば何とかなる」「絶対にできるはず」と思えるようになるのです。夢中になっていくのです。

何かに没頭している子に対しては、自然と褒め言葉が湧いてくるものです。子どもは、口先だけの褒め言葉を見抜きます。心の底から褒めるためには、子どもが夢中になれることを一緒に探していくこと。そのために、小さな努力をコツコツと褒めていきましょう。その中からきっと、夢中になれるものが見つかるはずです。

外で友だちと遊びまわることが効果的な理由

ここでは、ちょっと違った方向から、自己肯定感の高め方をご紹介していきます。

集団での外遊びや、自然の中での遊びを繰り返し、熱中していた子どもの方が、自己肯定感が高い傾向にあることがわかっています。[*8]

次ページのグラフのように子どもの頃の「外遊びの熱中度」と「外遊びの頻度」を、「現在の自己肯定感」と比べると、「外遊びの熱中度が高く、多い群」では、自己肯定感が高く保たれていることがわかります。逆に、「外遊びの熱中度が低く、少ない群」では、自己肯定感の低さが目立ちます。

子どもの頃に、外で友だちと遊び回っていた子というのは、大人になってから自己肯定感を高く保っていることがわかったのです。これは興味深い結果です。

表5 外遊びと自己肯定感の関係

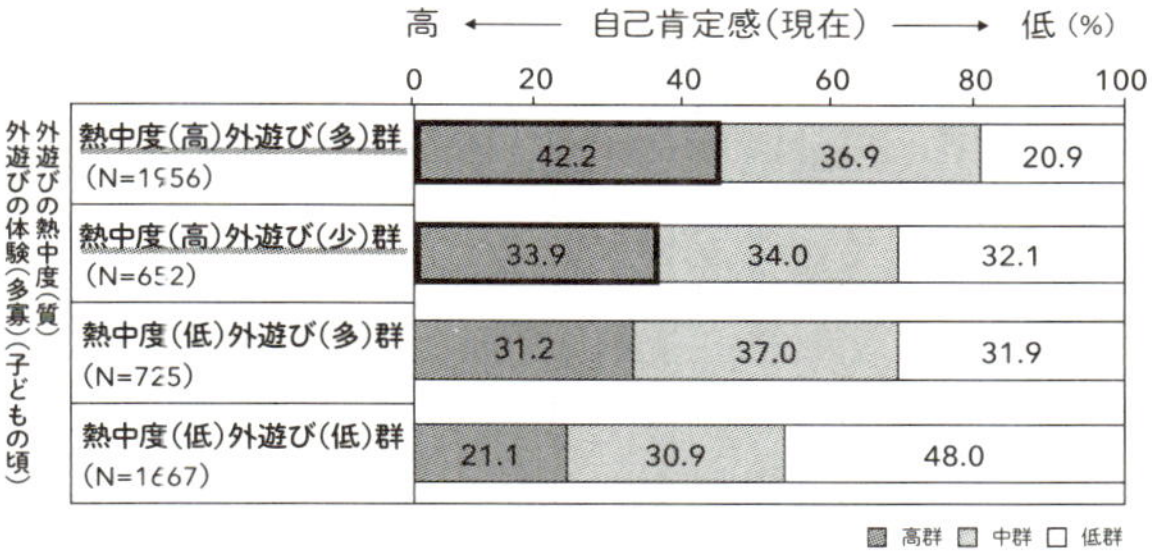

(出所)「子供の頃の体験がはぐくむ力とその成果に関する調査研究」(2018)を基に加工

自然から学んだ忍耐力が自己肯定感を高める

外で思い切り遊ぶことが、なぜ自己肯定感を高めるのか。自分の経験を振り返ると「なるほど」と思える部分があります。

私は北海道の旭川で育ったので、高校生の頃まで昆虫採集ばかりしていました。今でも息子と昆虫採集や昆虫の観察をします。

ただ昆虫採集も、けっこうしんどいんですよね。何時間かけても、なかなかお目当ての蝶を見つけられない。見つけたとしても、捕まえられない。そんなことを年単位で繰り返しているうちに、例えば「こういう季節の、こういう天気のときに出会える」ということがわかってくるのです。そして、お目当ての虫がとれるようになる。自分にとって昆虫採集は、自己肯定感を高める要素になったのだと思います。

登山や釣りをされている方には、こういった感覚がわかっていただけるかもしれません。

感動体験が脳の成長のプラスに

実は、アウトドア体験に様々なプラスの効果があることが、多数の研究で示されています。そのためここでは「システマティック・レビュー(systematic review)」をご紹介しましょう。システマティック・レビューとは、一定の基準を満たした研究論文をデータベースで網羅《もうら》的に収集し、体系的、統計的に分析するという手法です。「自然遊びが2~12歳の子どもの健康と発達に及ぼす影響について」、次のような結論が出ました。[*9]

多くの研究のまとめから、自然遊びは、子どもの健康と発達の成果（身体運動量、運動発達、体力、運動技能）、認知発達（遊び、学習、創造性）、社会性と情緒的成果などにプラスの影響を与える可能性が考えられる。

自然の中での体を使った成功体験は、原始的な自己肯定感につながっていくのかもしれません。

また、自然の中での感動体験も、プラスに働く気がします。蝶の美しさに驚いたり、夕焼けの色に見とれたり。大いなる自然の中に包まれて過ごすことは、心が元気に育っていくための一つの要素です。ストレスが溜まった私たちが、休日わざわざ山や海に出かけていくのも、同じ理由かもしれません。

なお、外に出るのがどうしても苦手な子には、インドア派のいいところもありますから、ご安心下さい。後ほど詳しく触れます。

自分自身の自己肯定感が低いときにやっておくべきこと

これまで自己肯定感の大切さ、褒められることとの大切さを語ってきました。最後に親としてという目線だけではなく、一人の人間として、自分自身の自己肯定感が低い場合どのように対処すればいいのかを考えておきましょう。

「自己肯定感を高くしましょう」といっても、それが簡単にできれば苦労はしません。でも実は、自己肯定感を高めるための方法があるのです。

それは「ストーリーテリング」と呼ばれるものです。

自分自身が、どのように今の自分になったかを、誰かに語る方法です。自分の過去を俯瞰《ふかん》して、それをストーリーとして語るのです。伝える相手は、家族でもいいし、友人でもいいでしょう。どのようにして今の自分ができたのかを、つらかった過去の経験も含めてストーリーとして語ることは、人生の意義を見出す方法の一つです。

「書く」より「話す」がいいのはなぜか

人に話すのはハードルが高い、と思われる方もいるかもしれません。そのような場合、まずは書いてみるのもいいでしょう。自分の中でモヤモヤしているものを言語化することは、気持ちの整理に有効です。

ただ、できることなら誰かに話すというステップを踏めるといいと思います。なぜならここで大切なのは、「人からの共感」だからです。

人との会話というのは、単なる情報のやり取りではありません。むしろ「気持ちのやり取り」だといわれています。ニューヨーク・タイムズ、ウォール・ストリート・ジャーナルなどで活動するジャーナリスト、ケイト・マーフィは、著書『LISTEN――知性豊かで創造力がある人になれる』[*10]の中で、次のように述べています。

人生において孤独をいちばん抱かせる原因は、必ずしも、心に傷が残るようなつらい出来事ではありません。孤独を感じるのは、何かよいことが起こったかもしれないのに、何も起きなかった――という状況が積もり積もったことが原因になることが多いのです。

人が幸せを感じるのは、つらいときにそばで聞いてくれる人がいるときであり、人が孤独を感じるのは、嬉しいときにそばで話を聞いてくれる人がいないとき。「良いことが起こった人が、幸せ」という単純な話ではないというのです。

これは同時に、自分のつらさを他者が共感してくれることの重要性を教えてくれます。

もし、過去のつらい経験が自らの自己肯定感を下げているのだとしたら、そのストーリーこそ、眼の前の誰かに語るべきものなのです。

第2章

早生まれ族は、何歳で急成長するのか

早生まれは受験で不利、それってホント？

本書を手にとって下さった方の中には、早生まれのお子さんの学業、特に受験に関心を持たれている方も多いと思います。実は私も、息子が早生まれであることを強く意識したのが、中学受験のときでした。

中学受験は、親のサポートがまだまだ必要なものであり、成績や模試の管理から受験校の選定まで、親も一緒になって悩むことが多いため、「4月や5月生まれの子の受験は、もっとラクなのかな……」と、ふと思ってしまったことも一度や二度ではありません。

ここでは、そんな多くの親御さんが受験のときに抱くであろうモヤモヤについて、正面から向き合っていきたいと思います。

この章を書くにあたり、手にした数字を扱いながら、がっかりしたり、びっくりしたりということがありました。そんな私の喜怒哀楽も含めながら、論を進めていきたいと思います。

先にお断りをしておけば、「早生まれと遅生まれの〇〇中学・高校・大学の合格率の違い」や、「生まれ月による〇〇中学・高校・大学の合格率の違い」という直近の調査や研究を見つけることはできませんでした。ですから、この章でご紹介するのは、この本を執筆するための参考資料として複数の知人から、個人情報が全て削除された情報をいただくことで手に入った数字です。これらは扱った母数自体が非常に限られていますし、「統計的に有意な結果が得られる学術研究」でもありません。もちろん、こちらで示した見解が、あなたやあなたのお子さんにそのまま当てはまるということでもありません。

ですからここでは、「こんなことが言えるのではないか」と、私自身が思ったこと、考えたことを「小学校受験」「中学受験」「高校受験」「大学受験」と順を追って書いていきます。

その点ご批判もあるかもしれませんが、科学者というのは、本格的な研究に入る前に仮説を立てるものです。ここでの見解はつまり、「早生まれと受験」に関する仮説です。仮説とはいえ、ここから皆さんの受験における指針をできるだけ引き出していこうと思います。そしてこの仮説が、教育関係者の対応に同時につながることも期待しています。

近くに私立学校がなかったり、受験をしないと決めている方も、この後のそれぞれの項目を「就学前の学力」「小学生の学力」「中学生の学力」「高校生の学力」と置き換えて、参考にして下さい。

小学校受験では、学校によって生まれ月の差がないことも

小学校受験は、男女差、早生まれと遅生まれの差が一番大きな受験です。6歳の女の子と5歳の男の子では、ちょっと想像しただけでも、かなりの違いがありそうだということはわかります。

そのため、学校によっては月齢別に受験内容や受験日を分けています。

2025年2月現在、例えば筑波大附属小学校やお茶の水女子大学附属小学校は、「4月2日～7月31日」「8月1日～11月30日」「12月1日～4月1日」の3つのグループに分かれて受験が行われています。国立だけでなく、私立の慶應義塾幼稚舎や青山学院初等部も、生年月日順にグループに分けて試験が行われるとしています。また、白百合学園小学校のように、「試験は一緒だが、判定において考慮する」という

学校もあります。もちろん、一切考慮はしないという学校もあるでしょう。

学校によって、「試験問題が違う」「試験日が違う」「グループで分ける」「判定で考慮する」など、月齢別の考慮といってもその内容は様々ですし、変わることもあります。入学を希望する学校に、早生まれの考慮があるか、あるのであればどのような考慮なのか、説明会などで問い合わせておくと安心です。

表向きには発表していなくとも、考慮されている可能性も

また、表向きには「考慮する」と発表していなくても、実際には考慮している可能性もあります。行動観察などにおいて、その子の特性をしっかり見てくれることは大いにあると思います。

大切なのは、その後の6年間をどんな学校で過ごさせたいかということです。早生まれの考慮がないから諦める、というのではもったいない。「考慮のある学校から選ぶ」のではなく、「選んだ学校に考慮があるかを調べる」という流れでの学校探しをおすすめします。

「中学受験が早生まれに不利」というデータを読み解く

小学校受験と違い、一切の考慮がなくなるのが中学受験です。中学受験は第一志望に合格できるのは多くて3割、実は1割などといわれるただでさえ厳しいものです。受験問題の難易度も高く、「子どもの発達と、受験問題の乖離《かいり》が一番大きい受験」などともいわれます。

中学受験に関しては、「早生まれは不利」だといわれています。

どのくらい不利なのかを、手持ちの数字で確認してみました。東京大学に多数の合格者を出すある中高一貫の男子校（男子校A）のある1クラスの中学入学者（34人）の数字を使っています。「4月2日〜6月（遅生まれ・春）」「7〜9月（遅生まれ・夏）」「10〜12月（遅生まれ・冬）」「1月〜4月1日（早生まれ）」の4つに分けて計算します。「遅生まれ・春」を「1」としたとき、「遅生まれ・夏」「遅生まれ・冬」「早生まれ」の合格者の割合はどのくらいになるのでしょうか。ちなみにこの数字は、同年の各月の実際の出生人数から割合を算出し、生まれ月による人数の差を補正しています。すると、次のような結果になりました（小数点第2位以下を四捨五入）。

遅生まれ・春　1
遅生まれ・夏　1・6
遅生まれ・冬　0・8
早生まれ　0・1

この年の「男子校A」の中学からの入学者は、「遅生まれ・春」を1とすると、「早生まれ」は0・1。つまり、十分の一に落ち込んでしまっているのです。これは私自身としても、かなりショックな結果でした。母数が少なく、正式な研究ではないにしてもインパクトのある数字であることは間違いありません。

ただ、面白いと思うのは、一概に月齢がプラスの子の方が有利というわけではなさそうなことです。もしそうなのであれば、「遅生まれ・春」が一番高い数字となるはずです。しかし、今回の数字ではそうは出ませんでした。

とはいえこのデータでは、早生まれ男子の中学受験はなかなか厳しいというものでした。

勝負のときは、中学受験ではないかもしれない

もう少し大きいデータで確認をしておきましょう。

川口大司教授の「誕生日と学業成績・最終学歴」[*1]は、「国際数学・理科教育動向調査（TIMSS）[*2]」と「OECD生徒の学習到達度調査（PISA）[*3]」のデータを使用しています。

この論文にある「生まれ月ヒストグラム」を見てみましょう。

「公立の中学（公立）」と「国公立・私立中学（国私立）」への在籍者の分布を棒グラフの形で示したものです。受験がない公立中で、男女ともにほとんど同じ割合の生徒が

表6　生まれ月ヒストグラム

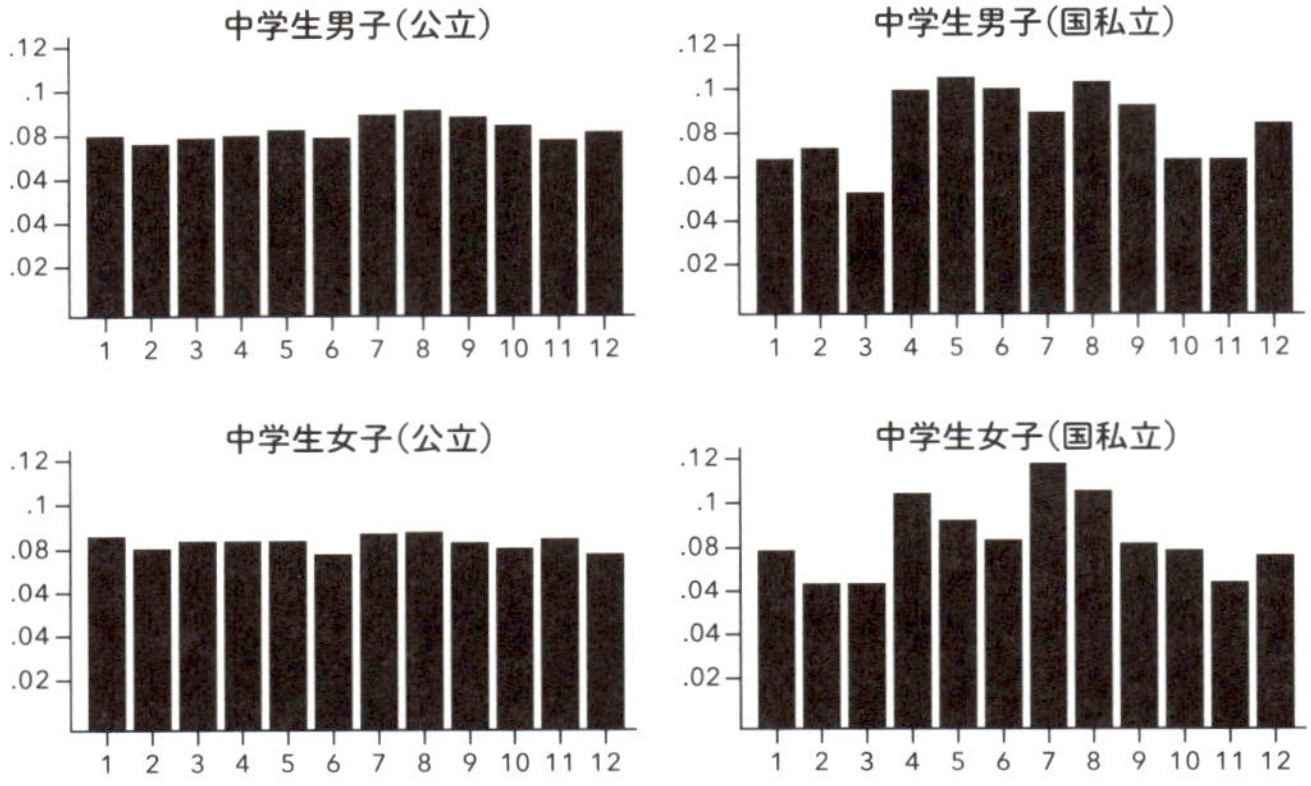

（出所）川口大司、森啓明（2007）より抜粋

在籍しているのとは違い、受験が必要な「国私立」においては、早生まれの生徒の割合が低いことがわかります。中学受験において、早生まれが不利であることが、この論文からもわかります。

また、この論文の中で川口氏は、「女子よりも男子のサンプルにおいて、相対年齢が学業成績に与える影響はより強く推定される傾向が見られた」としています。

早生まれ族の中学受験は、なかなか厳しいということが、この統計を見ていくとわかってきます。これは紛れもない事実のようです。早生まれの子ども、息子を持つ親の一人としては、正直このような結果には目をつむりたくもなります。

しかし、事実を理解したうえでの受験と、理解しないままでの受験では、その結果は大きく異なるはずです。**ここでは、早生まれの中学受験への効果的な取り組み方をご紹介していきます。**

中学受験での体験が、早生まれの脳に与える影響

お話ししてきたように、早生まれだからといって脳の能力が劣っているわけでも、本来の学力が低いわけでもありません。ただ中学受験の段階では、発達の差が残っているか、もしくは早い段階で遅生まれの子との間に成績に差がつくことで、自己肯定感を下げている可能性があるかもしれません。

第1章で、私が自己肯定感と能力の関係をご説明してきたのは、自己肯定感は早生まれ族の能力を伸ばすキーになるからです。

脳は「努力」と「褒める」で、物理的に良い方向へ変化していきます（71ページ）。ですから間違っても、中学受験を「叱る機会」にして、自己肯定感を下げてはいけないと思います。**不利な状態で臨まなければならない中学受験では特に、成績という**

「結果」に着目するのではなく、勉強をするという「努力」に着目した方が良いと思うのです。そして「努力」に注目した方が、自己肯定感が高まるということは、お話してきたとおりです（63ページ）。自己肯定感が高まれば、自ずと成績は上がっていきます。

ですから、自己肯定感をわざわざ下げるような物言いはやめた方が良いのです。「早生まれだから成績が悪い」といった、子どもに呪いをかけるような発言は、どんなにイライラしても我慢した方がいいでしょう。

では「早生まれだから仕方ない」といった声かけはどうでしょう。小学校の先生に話を聞いたところ、こういった声かけには、プラス面とマイナス面の両方があるといいます。

プラス面は、子どもを追い込まずにすむことです。頑張りすぎて心が折れる危険を、この言葉で回避することができます。しかし、マイナス面もあります。もっと頑張れるのに「早生まれだから仕方ない」と、自ら努力することを諦めてしまうことにつながるというのです。

「早生まれだから仕方ない」という言葉には、こういったプラスとマイナスの側面があることを理解しておきましょう。

中学受験は「脳トレ」ととらえる

実際には、早生まれのお子さんは、人より早い段階で脳への刺激を受けることで、可塑性を高めているといえます。脳が若い段階で難しい問題にチャレンジし、脳を鍛えているのです。すぐに結果は出なくても、お子さんの脳は中学受験の勉強を通じて、その能力を高めています。このことは間違いありません。

私の知り合いの早生まれのお子さんは、中学受験では第1志望に合格できず、公立中学に進みました。高校受験では、推薦で国立の高等専門学校（高専）へ進学。その後、国立大学の工学部へ編入しました。お母さんはこんなことをいっていました。

中学受験に失敗したときには落ち込みましたが、もし合格していたら、高専という道につながることはありませんでした。大学受験をせず、5年間ロボットづくりに没頭していましたし、結果として大学でも研究を続けられることになりました。中学受験の勉強は、推薦をもらえるだけの学力をつけてくれたので、無駄ではありませんでしたし、結果的には中学受験の不合格によって、その後の進路が開けたのです。

不利だからといって、このお子さんが中学受験を諦めていたら、その後の進路はもしかすると変わっていたかもしれません。中学受験での努力が、その後の結果につながったことは間違いありません。

早生まれなら、「親子で一緒に学ぶ」が正解

早生まれのお子さんの中学受験に親子で取り組むことは、とても良いことだと思います。もちろん、中学受験ではなくても、どんな段階でも親子で勉強に取り組んだ方が良いのですが、ここでは特に中学受験に対しての効果の一例を述べたいと思いま

す。これは、私自身の実体験でもあります。

決して子どもの成績を管理するとか、勉強を上から目線で教えるという話ではありません。親御さんが、お子さんと同じように横に並んで対等な立場で問題を解くのです。私も2年半、息子の中学受験にフルで伴走しました。最初は自分の興味もありましたが、だんだんその奥深さに惹かれたということもありました。

そこで非常に大きな気づきがありました。一番のメリットは、子どもを怒れなくなること、それどころか敬意のような気持ちが生まれることです。


小学校4年生くらいでは、まだ親御さんの方が圧倒的に解答できると思います。でも、学年が進むにつれて、算数も他の教科もどんどん難しくなっていきます。つるかめ算も、方程式を使ってはいけませんし、例えば円周上の3人の旅人算を比で解くような問題は、経験のない親御さんには相当な難問です。また複雑な図形の問題など、一日考えても答えが出ないようなものも度々《たびたび》ありました。

国語も、びっくりするくらい長い問題文が出題されたり、100字を超えるような解答を要求されることもあります。小説も心情曲線の把握が難しいような、子ども自身が人生で経験をしたことがないような難しい内容の出題も、近年増えてきています。理科も社会も、高校受験のような難しい内容や多くの暗記もあります。そしてそもそも、暗記となると子どもにはかなわないかもしれません。

自分が解けないと、怒れなくなります。ですから、お子さんの成績がふるわなくても、叱ることがなくなるのです。むしろ、まだ小学生なのにこんな難しいことに立ち向かって頑張っているのかと、子どもに感動や敬意すらわいてきます。いかに中学受験の問題が難しいか、身に沁みてわかるようになりますから、お子さんの努力にも自然と目が向きます。

また、愛着形成にとってもプラスです。**小学生ですから、親と過ごす時間はまだまだ嬉しいものです。嬉しい気持ちは、脳の栄養になります。**さらに、親子の会話は脳の発達にとても有用である事が明らかになっていますが（157ページ）、親子の会話内容が、サッカーやゲームなどに加えて、勉強というのも、とても素晴らしいと思います。一緒に勉強しているからこそ、「あの問題はこうやったら解けるのでは？」など、親子で問題やその解き方について、色々考える会話が本当に増えました。

私自身、息子の中学受験においては、できるだけ一緒に勉強しました。一種の「チーム」といった感じです。子どもは親を抜かすことで自己肯定感が高まりますから、親は子どもより問題が解けなくてもかまいません。こちらは教えるために一緒にいるのではないのですから、自分が解ける必要はもちろんありません。むしろ、自分が解けないときには、子どもに解説をしてもらいましょう。6年生くらいになると、もはやこちらも並大抵の努力では解けない問題ばかりです。

我が家では受験のときに、ホワイトボードを買いました。私が息子に教えることもありましたが、逆も結構ありました。ややこしい売買損益、峠算や時計算など、息子は私に説明することでしっかりと理解したようでした。**実際、「人に教える」という方法は、自分の知識を定着させるのに良い方法であることがわかっています。**そして何より、親と一緒に学ぶという安心感と愛情。受験という孤独なレースを、伴走するのです。

私も模試の問題や過去問をずいぶん解きましたが、中学受験で名の通っている大手学習塾の問題は、どれも本当に難しいんです。満点なんて決して取れません。自分が解いていれば、成績が悪くても「今回の問題、難しかったね」と言えるし、成績がいい時には心から「よく解けたね！」と褒めることができるものです。この「心から」という部分がとても大切です。子どもはおざなりな言葉はすぐに見抜きますから。

また、子どもが様々な能力を獲得するのは模倣の力が大きいといわれています。そのため、親が頑張っている姿を見ると、子どももつい頑張ってしまう。逆もしかりです。親子で真剣に受験に取り組めば、どんな結果になってもその間の「努力」を認められます。結果の偏差値だけみて怒ることなど、どんどんなくなっていきます。

高学歴の親がやりがちな失敗に注意

ちょっと注意をしておきたいのは、高学歴の親御さんです。

一緒に学ぶのではなく、張り合って教えようとしたくなるかもしれません。親が教えるより、子が親に教える方が子どもの成績にはプラスです。教えたくなる気持ちをぐっとこらえて、子どもに説明してもらうのが良いと思います。

ただ、つい張り合ってしまうことは、「お父さんあるある」かもしれません。

あるご家庭で、お母さんは受験にも役立つ「都道府県カルタ」を、「ギリギリで負ける」「5回に1回くらい勝つ」という形で、お子さんの負けん気とやる気を引き出していました。ある日そこへお父さんが参戦。10枚差以上で子どもに勝ち続け、子どものやる気をすっかり奪ってしまったといいます。お子さんはそれ以降、都道府県カルタで遊ぶのをやめてしまったそうです。こういったことには、注意しなければなりません。

塾によっては、「親はいっさい勉強に関わらないで」というところもあります。**これは、算数などの解法が数学と違うということだけでなく、「昔取った杵柄《きねづか》」とばかりに、親が張り切りすぎて、子どものやる気を削いでしまうことがあるからだと思います。**入試でいい結果を出してきた親御さん、教えるのが大好きな親御さん、負けず嫌いな親御さんは、いかに伴走するか、いかに子どもが主役であるかを、折りに触れて確認しながら進めるのが良いかと思います。

メンタルヘルスを第一に考えた小学校生活を

早生まれの中学受験について、方針を確認しておきましょう。苦しくなったら、撤退もあり。メンタルヘルスを第一に考えた受験を心がけましょう。

〈早生まれの中学受験は、準備の受験〉

- 「結果」ではなく「努力」を見る
- 親子で取り組む。「教える」のではなく、「教わる」
- 子どもの成熟度を考慮する
- 第一志望群をつくる
- メンタルヘルス第一。撤退もあり

早生まれの中学受験は、脳を育てるための受験です。このことを意識して親子で取り組めば、それはお子さんの成長にとって大きなプラスになるはずです。

先の川口氏は論文の中で、「本来ならば生まれ月による学力差はない」としたうえで、「中高一貫校への就学の機会が、早生まれであることによるハンディキャップによって閉ざされることがないように、最大限の配慮が必要」と述べています。このような研究は、まさにこういった不平等を解消するために行われているものです。受験やその制度設計に関わる方々には、まずはこういった統計的な事実があるということを知っていただければと思います。

高校受験でわかった早生まれのすごい「成績の伸び率」

ここまで読んできて、子どもの受験が心配になってきた、という親御さんもいるかもしれません。特に幼さが残る男の子を育てている親御さんは、そうだと思います。

しかし、いいデータもあります。

先の川口氏の報告の中には、算数・数学では、特に男子の成績上位者において、差がつきにくいということが示されているのです。

次のページのグラフを確認すると、確かに点数が上位になる程、実線の早生まれ（2月下旬〜4月1日生まれ）と、波線の遅生まれ（4月2日〜5月上旬生まれ）の差がなくなっています。算数・数学が得意な男子は、その優位性を維持していることがわかります。中学生男子においては、二つの山は、成績上位者のところで重なっています。高

表7　早生まれと遅生まれの学業成績分布

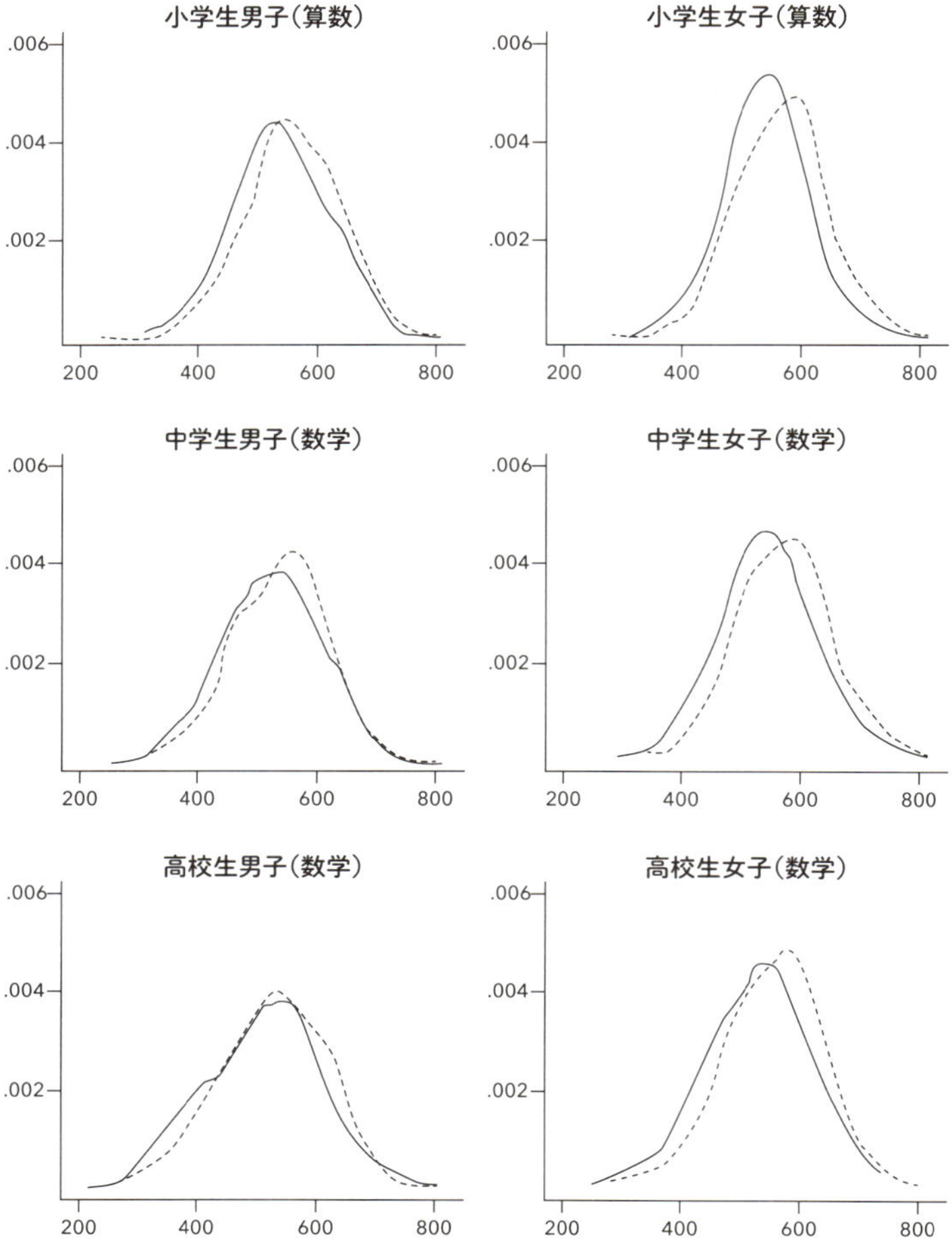

注：縦軸は(Epanechnikov)カーネル分布の確率密度，横軸はテストスコアを測る。
実線は相対年齢が0．1未満(2月下旬～4月1日生まれ)のグループ，破線は相対年齢が0．9以上(4月2日～5月上旬生まれ)のグループの算数・数学スコアについてのカーネル分布を示す。

（出所）川口大司、森啓明（2007）より抜粋校生になる頃には、二つの山はほぼ全ての成績帯において重なりを見せています。

女子においても、小学生の頃に大きくずれていた二つの山は、高校生の頃にはずいぶんと重なるようになります。特に、成績上位層での重なりが見られます。

中高一貫校の生まれ月で衝撃の結果が判明

東京大学に多数の合格者を出す男子校Aの中学合格者は、「遅生まれ・春」を「1」としたとき、「早生まれ」の割合は0・1でした（92ページ）。

遅生まれ・春　1
遅生まれ・夏　1・6
遅生まれ・冬　0・8
早生まれ　0・1

この学年の高校入学者を追ってみると、違った景色が見えてきたのです。

この学校に高校から入学した生徒（12人）を、同じように「遅生まれ・春」を1として割合を出してみました（小数点第2位以下を四捨五入）。括弧の数字は、中学入学者における数字です。人数が非常に少ないので、あくまでも参考値としてご覧下さい。

遅生まれ・春　1
遅生まれ・夏　1・6（1・6）
遅生まれ・冬　1・5（0・8）
早生まれ　1・9（0・1）

もちろん人数が少ないために確定的なことは全く言えませんが、「早生まれ」は0・1から、1・9へと大きな伸びをみせています。「遅生まれ・冬」も、約2倍の躍進です。**その年の後半組が、最難関とされる男子校Aの高校受験で結果を残したことがわかります。**ハンディが消えたどころか、脳の可塑性が伸びたために圧倒的に有利になったようにも思えます。他の学校でも同じような結果となるのか、ぜひ知りたいところです。

序章で紹介した山口氏の研究の中には「進学した高校の平均偏差値は、3月生まれは4月の遅生まれの子よりも4・5ポイント低い」というものがありました（22ページ）。**しかし、個々の学校の特性によっては、「早生まれが有利」という結果が導かれうるということです。**

算数・数学において、そもそも早生まれ男子のハンディが少ないということがわかっています。お子さんの特性と学校が求める生徒像がピッタリとマッチすれば、早生まれ族はその能力を存分に発揮できるのです。

大学受験では早生まれにもはや「不利」はない！

では最後に、多くの方の最終学歴となる大学のデータを見ていきましょう。

前提として、川口氏の「誕生日と学業成績・最終学歴」の数字を確認しておきます。同じ年の最年長者（4月2日生まれ）と最年少者（4月1日生まれ）を比べた研究では、4年制大学卒業者の割合としては、最年少者の方が「男子で2％ポイント、女子で1％ポイント低い」という結果が出ています。全体における4年制大学卒業者の割合が、男子27％、女子9％であったことを考えると、無視できない結果です。

全体像を捉えたうえで、次のデータを見ていきましょう。

こちらは最難関とされる国立大学の数字です。ある年度のサークル構成員の新入生（男子30人、女子41人）の割合を、「4月2日〜6月（遅生まれ・春）」を1とし、「7〜9月

（遅生まれ・夏）」「10～12月（遅生まれ・冬）」「1月～4月1日（早生まれ）」に分けて計算しています（小数点第2位以下を四捨五入）。生まれ月による人数の差は補正しています。

男子

遅生まれ・春　1

遅生まれ・夏　2.1

遅生まれ・冬　1.1

早生まれ　0.8

女子

遅生まれ・春　1

遅生まれ・夏　4.4

遅生まれ・冬　0.5

早生まれ　1.6

早生まれは、男子に関しては0・8とやや不利に見えますが、女子は1・6とむしろプラスの結果となっています。

医学部のデータでも早生まれの不利は消失

続いては、旧帝大医学部のある1学年の生まれ月データです。

4~6月	24人
7~9月	30人
10~12月	21人
1~3月	21人

こちらは単純に人数だけのデータになります。7~9月が多いですが、少なくとも中学受験のように、早生まれだから圧倒的に不利ということはありません。大学受

験、しかも旧帝大医学部においても、早生まれのデメリットはほぼ消失しているといっていいでしょう。

「大学の医学部入学に関しては、早生まれの影響はないと考えられる」と結論づけた論文もあります。「医学部入学と早生まれとの関係」[*4]において、入学難易度の高いある国立大学の医学部（5年間）と、ある私立大学の医学部（6年間）の入学生の生まれ月を調査した結果、導き出された結論です。

このように大学受験においては、早生まれと遅生まれの差はほぼ是正されているといえるでしょう。日本社会では受験戦争が熾烈《しれつ》な争いとなって久しいですが、いつ勝負をかけるかで大きく結果が変わることがあります。特に早生まれの子どもの受験を考える親御さんに、ぜひ知っておいていただきたい結果です。

脳科学者が教える超効果的な勉強方法

最後に、脳科学から見た受験勉強のコツをお伝えしておきましょう。

脳というのは、ひと言でいえば「やればできる臓器」です。やればやっただけ、成果を見せてくれるのが脳なのです。

ただ、脳をうまく使うためにはコツがあるのも事実。だから勉強には正しいやり方があるのです。

部活を頑張ると成績が伸びるワケ

脳には、あることを頑張ると、脳全体のパフォーマンスが上がるという性質があります。これは「汎化《はんか》」と呼ばれる脳の特徴です。「汎」というのは、「広くゆきわたるさま」を意味する漢字です。

汎化はあらゆることから生じます。

例えば「部活を真剣に頑張ると、成績が伸びる」というのも汎化の一つです。「最後まで部活をやっていた子が、第一志望の学校に入学した」というのはよく聞く話の一つですが、脳科学から見れば驚くことではありません。

脳のパフォーマンスが全体的にアップするのは、心理的影響も大きいと思います。つまり、何かに自信を持つことで、他のものへの自信につながる。方法論的にいえば、あるものを極めることで、極め方がわかる、ということがあるかもしれません。

これを受験勉強の科目に置き換えて考えれば、得意な科目をさらに伸ばすという方法になります。

受験勉強においては、「凹みを埋める」のが当たり前の方法です。例えば算数（もしくは数学）が苦手で、国語が得意な子に対しては、算数の点数を上げるように指導することが多いと思います。脳科学から考えると、おすすめは「凸をさらに伸ばす」方法です。

国語が得意なら、国語を突き抜けさせる。「国語はできるから、算数をやりなさい」ではなく、さらに国語に力を入れるのです。

すると、他が伸びてくる。国語が伸びるだけではなく、全体の成績が伸びてくるのです。うちの息子は、成績的には特に突出していたわけではありませんでしたが、国語が得意でした。ですから、国語だけは、小学3年生の頃に中学2年生の問題まで解かせていました。苦手だった算数は、それにつられるように少しずつ伸びていきました。

脳の「変わりたい力」を最大限活かす

また、可塑性についても思い出しておきましょう（40ページ）。脳には、「思い通りに脳自体をつくることができる・変化させることができる」という性質がありました。これはつまり、シンプルにいえば「勉強をすれば、成果が出る」ということです。

すぐに成績に現れなくても、脳は勉強をすれば変わっていきます。受験勉強が無駄になることは、決してありません。

可塑性という性質のすごいところは、何歳になってもその性質が残ることです。「学ぶのに、遅すぎることはない」というのは気休めではなく、脳科学的な事実なのです。

歴史漫画を読むのは脳科学的に効果がある

しかし年齢が上がるにつれて、暗記科目はつらくなります。小学生の頃は何の工夫もしなくてもできた暗記が、中学生、高校生になってくると難しくなってきます。そのような場合は、まず簡単なものに取り組み、その後難易度を上げると良いでしょう。全体像をざっと把握してから、細部に入って行くというイメージです。

医学部でも、学生は少なからず、まずは一般の人でもわかるようなやさしい参考書を読んでから、専門書に取りかかります。このようなステップを経ると、覚えやすいからです。歴史漫画を読んでから、歴史の問題を解いてもいいですね。

これは「流暢性効果《りゅうちょうせいこうか》」といって、「ちょっと知っていると、興味関心が湧く」とい

う現象です。最初に脳に簡単な情報を入れておくことで、その後の類似の情報が理解しやすくなるのです。昔、古典の勉強として『源氏物語』を頑張って読もうとしたのですが、もう全然頭に入らない。仕方がないので、現代語訳で読んでから原文にあたったら、びっくりするくらい内容が頭に入ってきました。これも流暢性効果のひとつです。

これは英語も同じです。日本語訳の『ハリー・ポッター』を読んでから原書を読んだという方は、「英文が頭の中で勝手に翻訳されて、スラスラ読めた」といっていました。逆に原書から読んだという方は、「9と4分の3番線が出てきたところで挫折した」といっていました（まだ物語の入り口です）。

翻訳を読んでから、漫画を読んでから、映画を見てからなど、とっつきにくそうな本や科目がある場合には、先に他の方法で情報を仕入れておくといいかもしれません。流暢性効果で興味が湧いてきたら、それで終わりにせず原文に当たるという習慣をつけましょう。これで学力は大いに伸びていきます。

ゲームをすると暗記したことを忘れてしまう

記憶には、「沈む」という性質があります。

せっかく苦労して覚えた英単語も、その後にゲームをすればその内容が上書きされてしまうのです。私は息子に、「ゲームをしてもいいけど、この1時間の勉強が無駄になるよ」と伝えていました。

でも、ゲームはしたい。ではどうすればいいのか。

ゲームが終わったら、もう一度復習をすればいいのです。次の二択となります。

○勉強

○勉強　↓　ゲーム　↓　復習

なぜ人は忘却するのかといえば、新しいイベントが上から積み重なるからです。**古い記憶は奥底に沈んでいきます。ですから、それを吊り上げなくてはなりません**。それが復習です。もちろんゲームをしない人も復習は必要ですが、ゲームをするならば、ゲーム直後の復習が必要だということです。

早生まれ族が本来の力を生かすために、脳のクセを知ることは大切です。それは効果的に学力を伸ばすことにつながります。

現状の制度の中で、どのようにサバイブすべきか、戦略的に考えていきましょう。

受験を脳にとってプラスの経験とし、最良の結果につなげるために何ができるのか。

受験と早生まれの関係を冷静に見つめることで、その道筋が見えてくるはずです。

それでも中学受験をしたい・させたい人へ

「早生まれの中学受験は、準備の受験」。そう考えれば、向き合い方は自ずと変わります。

そもそも、受験をするかどうか。そこから考えてもいいかもしれません。もちろんしてきた勉強がマイナスになることはありませんが、「本当に勝負をすべき時は、こなのか」ということは、一度落ち着いて考えてもいいと思います。

受験するかどうかの判断は、早生まれという要因より、その子の成熟度があげられます。なぜなら、中学受験の国語の出題文はかなり難易度の高い本からの出題が当たり前のようにあるからです。

2024年に出題された作品をいくつか見てみましょう。

渋谷教育学園幕張中学校『本心』（平野啓一郎）、渋谷教育学園渋谷中学校『人新世の「資本論」』（斎藤幸平）、浅野中学校『同調圧力 日本社会はなぜ息苦しいのか』（鴻上尚史・佐藤直樹）、栄東中学校『考えるとはどういうことか　0歳から100歳までの哲学入門』（梶谷真司）、法政大学中学校『目の見えない人は世界をどう見ているのか』（伊藤亜紗）、森村学園中等部『割り箸はもったいない？——食卓からみた森林問題』（田中淳夫）などなど。

骨太の小説から、資本主義、日本社会、哲学、障害・認知科学、環境問題。人の感情を想像する力があるか、論理的に文章を読み解くことができるか、難解な文章を読みこなせるかなどが問われます。

ネットには、こういったリストの一覧もありますし、過去問を見ることができるサイトもあります。どのような問題が出題されているかを見ておくことは、中学受験そのものを考える上で、マイナスにはなりません。

第一志望群をつくる

その上で、中学受験にチャレンジすることを決めた場合は、第一志望をいくつかもっておくことをおすすめします。

お話ししたように、早生まれかどうかに関わらず、第一志望に合格できるのは、ごく一部の受験生です。であるなら、「第一志望」をいくつか用意しておくことは、子どものメンタルヘルスを守る上で有効です。

お子さんが「絶対に桜蔭」「絶対に開成」などという希望がないのであれば、会話の中で「この3つは第一志望群だね」のように、「どこの学校もいいね」という会話を繰り返しておくといいと思います。我が家でも2校を第一志望としていましたので、本人はあっさりと結果を受け入れ、中学校生活も明るく前向きな気持ちでスタートすることができました。

「お得」な学校を選ぶ

中学受験をする子どもが増えるに従い、「御三家を目指す」「なるべく高い偏差値の学校を目指す」という従来の傾向とは、別の流れが生まれています。それは「お得感のある中学を選ぶ」という受験です。中学受験の偏差値に比べて、入る大学の偏差値が高めであるとか、自分の子どもの成績を入学時より伸ばしてくれる学校などを選ぶ受験です。

そういったことも念頭において学校を選ぶと、候補が広がってくるかもしれません。現在、それほど成績が伸びていなくても、あと数年あればぐっと伸びるかもしれません。入った学校でトップクラスにいることで、成績が上がる子もいます。

早生まれの子は特に、小学校6年生のときの偏差値で判断するのではなく、その後をしっかり考えることが大切です。これから伸びる可能性がとても高いからです。学校選びにおいて、視野と偏差値帯を広げて探してみるといいでしょう。

第3章

早生まれだけが持っている武器

早生まれが持つ「愛される力」はこんなに役立つ！

早生まれの人はよく、「みんなからかわいがられた」といいます。親のアンケートにも、「かわいい」という言葉が散見します。

保育園や幼稚園では、早生まれの子というのは体格的に小さい子も多く、遅生まれの子よりも幼いため、先生方としても「手をかけてあげなきゃ」という気持ちになるようです。

早生まれの方の中には、そんな幼少期を過ごされた方も多いかもしれません。思い出してみて下さい。周りから、いろいろとお世話されていませんでしたか？　ある男の子のお母さんの話です。

保育園にお迎えに行くと、しっかりした女の子が私のところにやってきて、その日にあったことを教えてくれるんです。「ハサミが上手く使えなかったから、一緒にやったよ」などと、毎日のように報告を受けていました。物心ついた頃からできる女子に助けられて育ったせいか、小学校に上がってからは、担任の先生から「女子ともうまくやっています」といわれています。

親や先生だけでなく、同学年からもかわいがられて育つのが早生まれ族のようです。

エリートは自分から「助けて」といえないことが多い

私は、「人の助けを受け入れるマインド」を持てることは、けっこう重要なことなのではないかと考えています。というのは、周囲の優秀な人々が、自分一人だけで頑張りすぎて人と助け合うことができずに、物事が大きく進まない様子を何度も見てきたからです。それは、研究においても、ビジネスにおいても同じだと思います。

私自身は物事を進める中で、自分に足りない能力に関しては、それを持っている同僚に頼ることがあり、チームを常に意識して動いています。チームの中で、誰が何に向いているのかを常に確認しながら、責任と役割を分担しています。これは何も私に限ったことではなく、上手くいっている企業や組織では当たり前のことです。

しかし、スーパーエリートの中には、身を削ってまで、全て一人でやろうとする人が少なからずいる印象です。人に頼ること、任せることよりも自分でやった方が早いという気持ちが強いのかもしれません。もしかすると、「これができない」といったり、助けを求めたりすることができないのかもしれません。

しかし、一人でできることには限界がありますから、受験は突破できても、研究やビジネスで成果を上げることとはまた別問題、ということになります。

助けを受け入れられる力「受援力」

幼児期から自然に人のサポートを受け取ることに慣れている早生まれ族は、「できないことは助けてもらう」というマインドが自然に育っているといえます。**このよう**

に、人の助けを受けることができる能力は「受援力《じゅえんりょく》」と呼ばれます。このような言葉が取り沙汰されること自体が、「人からのサポートを受けるのが苦手な人」が、増えている証拠ではないでしょうか。

実際、「何でもっと早く相談しなかったんだ」と思うことを経験している方も多いのではないでしょうか。早めにSOSを発信してくれればどうにかできたのに、ということは少なくないように思います。

受援力が育っていることは、もしかすると自己責任論が蔓延《まんえん》する現代社会での生きやすさにつながっているかもしれません。早生まれ族が自然と身につけている能力の一つだといえるでしょう。

「助けて」といえることは、どんな局面においてもとても大事なことだと思います。それは成功を目指す場面においても、失敗をしてどうにもならないときにも、必要なことなのです。

早生まれのお子さんを持つ親御さんと話をしていると「知らない人から、よく物をもらう」という話が出てきます。

たしかにうちの息子も、外に連れていくとみんなからよく物をもらいました。仙台駅で長い時間電車の模型を見ていたら、スイスから来たビジネスパーソンが電車の模型を買ってくれたことも。もしかして、人が何かしてあげたくなるオーラが出ているのでしょうか……。皆さんにもそんなことがあったのではないでしょうか。

早生まれ族は「比較しない」から強く育つ

早生まれの子育てにおいてよく聞く言葉に、「のんびりと子育てができた」という声があります。

先の「早生まれ一斉アンケート」の中の「早生まれの子どもを育てる中で、接し方などに意識したことはありますか？」の回答において多かったのは「特にない」というものでしたが、自由回答には次のような文言が散見しました。

- 発達過程を見るようにしている。
- 他の子と比較をしない。
- 月齢で見て問題なく成長していればいいかなと思っている。
- その子の成長に合わせて、接している。

◯ あまり比較しすぎないようにする。

◯ そのうち追い付くのであまり意識していない。

このような回答からは、「その子自身の発達を見よう」「周りと比較しないようにしよう」という親の意識が感じられます。

この「比較しない」というマインドセットは、子育てだけでなく、人が社会で生きていくことにおいて非常に大切なものだと感じます。これは現代社会を生きる早生まれ族にとって、大きな強みになると考えます。

「早生まれだから」と思いすぎるのも注意

「比較をしない」ことのプラス面をお話しする前に、一点だけ注意を。

少数ではあるのですが、「早生まれだから」という気持ちが、子どもの微妙なサインを見逃すことになってしまった例があります。「早生まれだから言葉が遅くてもしょうがないと思っていたら、知的障害や発達障害だった」と後悔する気持ちを持つ親御さんもいるからです。

一方で、「幼い頃から障害だとわかってしまったら、子育てが不安に押しつぶされてしまったかもしれない。気がつかないでよかった」という方もいます。こればかりは、人それぞれです。

ただ、もし何か不安を感じたときには、「早生まれだから」という理由で蓋をせず、一度ゆっくり考えてみる、誰かに相談してみるというステップを踏むようにしましょう。

情報社会の中で早生まれが持つメリット

現在私たちは、莫大な情報に囲まれています。**その情報の多さが、自己肯定感を下げる原因になっているとされています。**私が子どもの頃は、ちょっとピアノが弾けるだけでも「すごい」と周りから褒められたものです。でも今は、ネットを開けば本当に小さな子が難しい曲を弾いていたり、即興で演奏をしたり、「すごい」人が当たり前のように目に入ります。

以前は、周囲の人しか比べる対象がなかったのに、今はネットのせいで全世界の人と比べることができてしまうのです。自分の「すごい」がそれによって消されてしまい、自己肯定感が下がってしまうのではないかといわれています。

もちろん比較自体は悪いことではありません。私たち人間は社会性の生き物ですから、ある社会の中で自分が特定の生物学的地位に収まるためには、人と比べる必要があるからです。ある組織において、自分がフィットするのは、経理なのか、営業なのか、開発なのかというのも、人との比較によって決まる部分があります。

ただこの比較が、どの場面、どの分野においてもできてしまうことが生きづらさを生んでいるのです。キラキラした生活がＳＮＳにアップされているのを見て、心がざわつくとしたら、それは自分の中にある比較の意識が強いからです。

競争ではなく、人がしないことをする

比較をしないということは、無駄な競争に巻き込まれないことです。

比較をし続け、そこで勝ち上がることができれば、学歴レースを経て、出世レースで生き残ることができます。しかしその競争に勝てる人はほんの一握りです。

現代において「成功を収めるタイプが変化している」ことを証明したハーバード大学教育大学院研究員と神経科学の専門家が行った研究があります。その名も「ダーク

ホース・プロジェクト[*1]」。「ダークホース」は、「（競馬で）能力が未知数の馬」という意味です。

私たちが生きてきた「産業化時代」は、「標準化時代（the Age of Standardization）」と呼ばれました。日本でも、義務教育は標準的な人材の育成をめざしてスタートしました。**しかし、時代と社会が変わり、すでに世の中は「個別化の時代（the Age of Personalization）」を迎えています。**そして個別化の時代に活躍するのが、「ダークホース」だというのです。

この研究では、型破りな成功をした「ダークホース」には、次のような特徴があるとしています。

○ 自分の好きなことを追い求める
○ 標準的な道（競争）ではなく、自分に合った道（個性）を選択する
○ 成功を追求して充足感を得るのではなく、充足感を追求して成功を得る

人と比較し、競争をしていても、「上」は必ずいます。ノーベル賞をとった人も、

「ノーベル賞を目指して」研究や活動を続けたのではなく、「自分の充足感（fulfillment）を追い求めていたら、ノーベル賞がとれた」方も多いといわれています。ナンバーワンになろうとしたのではなく、オンリーワンを目指す人が成功するといわれますが、人と比べ始めると、上には上がいることを思い知らされます。それは研究者も同じです。

ただ、ちょっと得意なこと、それをしていると楽しい、満足できるということを突き詰めていくと、結果オンリーワンになっていることがあります。それが科学的に正しいということを、この研究は教えてくれるのです。

早生まれ族は、学校でも家でも好きなことをしている

この「個別化の時代」に有利なのが、早生まれ族です。なぜなら早生まれ族は、「標準化時代」の無駄な競争に巻き込まれる確率が少ないともいえるからです。

早生まれ族の受験のデメリットについては率直にお話ししてきましたが、このデメリットが一転してメリットになるのが、「個別化の時代」。つまり、今なのです。

それはなぜでしょうか。

早生まれのSさんは、小学生の頃、休み時間に友だちと遊ばずに、一人でずっと絵を描いていました。お母さんは心配し、小学校2年生の頃担任の先生に、「お友だちと一緒に外で遊ばなくて、大丈夫でしょうか？」と相談したそうです。担任の先生は、「大丈夫ですよ。早生まれですし、ゆっくり成長を見守っていきましょう」とい

われたといいます。Sさんは、その後も教室で絵を描き続けました。お母さんは大きくなったSさんに、「なんで友だちと遊ばないだけで、心配されるんだろうと思った」といわれたといいます。Sさんは現在、美大に通っています。

無理やり友だちとの遊びに参加させられることなく、好きな絵を好きなときに描き続けることができたことで、Sさんはその才能を伸ばすことができたのです。「他の子と同じように」外遊びを強制されていたら、Sさんはもしかすると絵の道に進まなかったかもしれません。

現在中学3年生のE君。小学生の頃は、学校の勉強についていくのが大変だったといいます。上のお兄ちゃん2人は中学受験組でしたが、本人は早々に「受験はしない」と宣言。

周りが中学受験に向けて勉強に取り組む中、コロナ禍で余ったおうち時間に、E君は本格的に料理をするようになりました。ハンバーグ、ナポリタン、唐揚げ、プリンなど、動画を見てサクサクつくってしまうそうです。最近ではフレンチにはまり、「料理用の刷毛《はけ》がほしい」と道具にも興味が出てきたといいます。

まだ中学生のE君が、シェフになるかどうかはわかりません。しかし、E君が「自分の充足感は料理にある」と見つけられたのは、E君にそれをするだけの時間と心の余裕があったからです。

作家には早生まれ族が多い？

自分の好きなことを、コツコツと続けられる。

それは早生まれ族が置かれた環境によるものかもしれません。書くことをずっと続けたきた、という小説家の綿矢りささんに、お話を伺ったところ（インタビューは180ページ）、「小説家は早生まれが多いという話を聞いた」という興味深い情報が。

そこで、2025年現在の芥川賞、直木賞の選考委員の誕生日を調べてみました。

〈芥川賞選考委員　※2025年2月現在、敬称略〉

小川洋子　3月

奥泉光　2月
川上弘美　4月1日
川上未映子　8月
島田雅彦　3月
平野啓一郎　6月
松浦寿輝　3月
山田詠美　2月
吉田修一　9月
↓9人中6人が早生まれ

〈直木賞選考委員　※2025年2月現在、敬称略〉
浅田次郎　12月
角田光代　3月
京極夏彦　3月
桐野夏生　10月

林真理子　4月1日
三浦しをん　9月
宮部みゆき　12月
辻村深月　2月
↓　8人中、4人が早生まれ

たった17人の選考委員中、10人が早生まれ。そのうち、4月1日生まれが2人もいるという驚きの確率です。

もちろん、単なる偶然かもしれません。ただ現在、日本の代表的文学賞を選ぶ選考委員が、早生まれ族が中心となっているということは、間違いのない事実なのです。

成績がいいと、競争に参加してしまう

Sさんと E君は、それぞれ自分の好きなことを続けています。

それができたのは、他人と同じ競争に参加しなかったからです。 4月や5月生まれ

で幼い頃からクラスの代表を任されてしまう人や、成績が良い人というのは、気がつくと標準化競争のトップを走ることになっているものです。なぜなら、そうするのが当たり前だからです。

もちろん、学歴が高いことは、悪いことではありません。なぜならそれによって、進路や就職の選択の自由度が高まるからです。医者になりたいのであれば、やはり医学部に入れるだけの成績が必要になります。弁護士になりたいのであれば、司法試験に合格しなければなりません。単純に、勉強ができれば周りが褒めてくれますから、自己肯定感にとってもプラスです。これまで受験について深く掘り下げてきたのは、これは正面から向き合うべき問題だと思うからです。

とはいえ、勉強だけではない、というのも事実です。

たまたま競争に参加しなかったことで、自分の好きなことを見つけ、それを続けられるということも、紛れもない事実なのです。そして早生まれ族ははからずも、自分の好きな道をゆく環境を得られることがあるようなのです。

早生まれで活躍している読者の皆さんは、ちょっと昔を振り返ってみて下さい。好きなことを、自分のペースで続けられてきたのではないでしょうか。子どもの頃からの趣味を、今も続けているのではないでしょうか。

競争社会に乗り続けると、離脱できなくなる

エリートコースを進んでくると、そこから離脱することを恐れるという気持ちが起きるようにも思います。私の周りにも、理想的なコースを歩んできた方がたくさんいますが、世界に打って出たり、起業をしたり、他分野と連携したりする人は、必ずしもいわゆるエリートコースに乗ってきた方々ばかりではないように思います。中学受験から始まり、決まったコースを進んで来た人の中には、チャレンジするよりも、失敗しない方に重きが置かれている方々もいるかもしれません。

ただ、「標準化時代」が終わりつつある現在、むしろその路線に乗ってしまうことはリスクとなります。『ホワイトカラー消滅　私たちは働き方をどう変えるべきか』[*2]の著者で、起業支援の第一人者である冨山和彦氏は、著書の中で次のように述べてい

ます。

深刻な影響を受けるのはグローバル経済におけるホワイトカラーだ。仕事を奪われ、行場を失う可能性が高い。（中略）今後、グローバル経済圏におけるホワイトカラー、つまり都市部のオフィスでパソコンを前に働くビジネスパースンと呼ばれる人々の大半は必要なくなる。

このことを裏付けるように、ここ数年のうちにも、大企業の早期退職の募集やリストラが大々的に行われています。富士通、日本たばこ産業、住友化学、東芝、コニカミノルタ、資生堂、オムロン、イトーヨーカ堂などは1000人以上が対象という情報も。中には、対象者を40歳以上と、非常に若く設定している企業もあるそうです。

一生懸命勉強をして、いい大学に入り、名の知れた大企業に入ったのに、そこから離脱するのにはリスクが大きいのはわかります。そのために、必死で会社にしがみつくしかないという人も少なくありません。

しかし、もはやしがみつくこともできない、という世界がきているのです。成績がいいからとりあえずいい大学、いい企業というコースでいいのかを、改めて考えてみる必要がありそうです。

巻末では、いくつものキャリアを渡ってきた、起業家であり、いくつもの職を兼務する著述家の伊藤羊一さんに、早生まれについて語っていただきました（188ページ）。

好奇心が、早生まれ族をぐんぐん伸ばす

早生まれ族のすごさは、好きなことをし続ける好奇心にもあるかもしれません。

好奇心は、物事に対する興味・関心のことです。もっと知りたい、もっと経験したいという欲求です。学習に対する「内発的動機づけ」にもつながります。

「外発的動機づけ」は、他人からの評価やご褒美、罰から生じます。一方、内発的動機づけは、誰にいわれなくても、ワクワクすることに対して、努力や苦労をしてでも取り組もうとするものです。それを知りたい、経験したいという内から溢れ出る気持ちが、好奇心の本質だといわれます。

絵を描いたり、料理をしたりもそうですが、例えば自転車で1時間かけて川へ行って釣りをする、というのも好奇心の現れです。釣れる場所を考えて、苦労をいとわず

行動しているからです。

「好奇心が賢い子どもを育てる理由」については、拙書『16万人の脳画像を見てきた脳医学者が教える「賢い子」に育てる究極のコツ』（文響社、ＰＨＰ文庫）に譲りますが、ここではなぜ好奇心が、すごい人をつくるのかについて要点をお話しします。子どもだけでなく、大人も同様に好奇心が大事であることが、わかっていただけるはずです。

好奇心は脳の万能サプリメント

好奇心は、脳の能力を高めます。

「〜したい」という気持ちの向く先は、どのようなものでもかまいません。電車でも、ダンスでも、スポーツでも楽器でもいいでしょう。夢中になって取り組むものであれば、それは脳の成長にプラスになります。

何かに夢中になった経験は、その後の成績や才能につながることが様々な研究で確

認されています。あまりに多いため、全てを紹介することはできないのですが、その中で私が面白いと思う研究を2つご紹介します。

ノーベル賞受賞者は、他の一般的な研究者などより、アマチュアとして本格的な芸術等の趣味を持っている可能性が有意に高かった。[*3]

ノーベル賞受賞者は研究だけに没頭しているイメージがありますが、そうではないようです。芸術系の趣味に真剣に取り組むことが、脳を活気づけているのかもしれません。芸術への好奇心が、脳のサプリメントになっているのです。

学術だけでなく、スポーツも同じです。

チームスポーツにおけるエリート選手の方が事前に多くのスポーツを体験し、また専門特化したキャリアのスタートが遅く、自己決定力が高く、よりトレーニングにも没頭した。[*4]

様々なスポーツに対する好奇心は、最終的に選んだスポーツのパフォーマンスアップにつながっているのです。

表8 知的好奇心と記憶力の関係

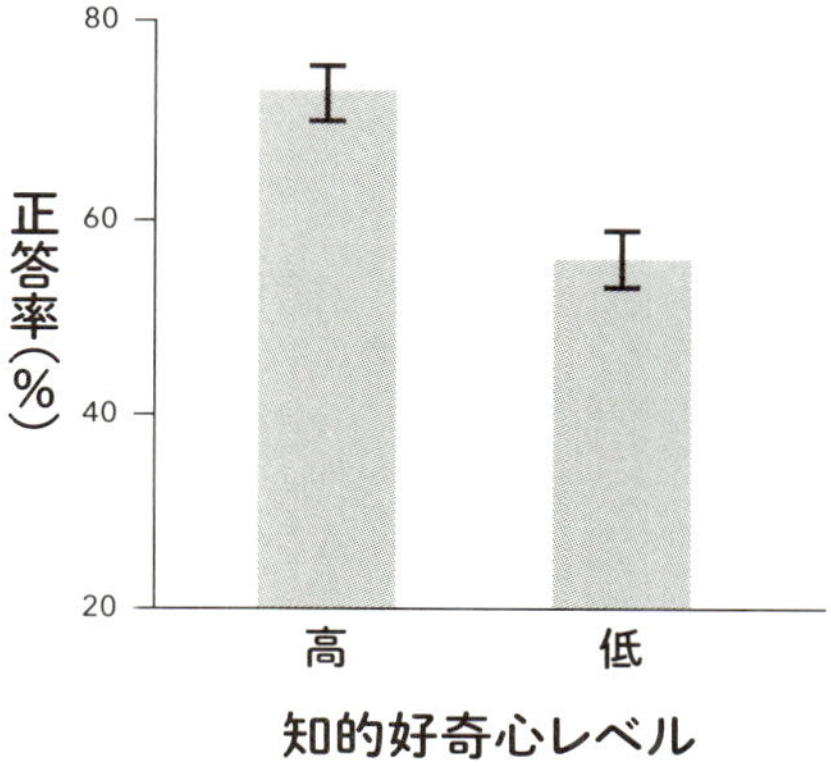

（出所）Gruber et al.（2014）を基に筆者改変

ワクワクすると記憶力が高まる脳の仕組み

好奇心が高いと、なぜ成績が良くなるのか。

その理由の一つは、好奇心は記憶力を高めるからです。これはグラフからもわかります。*5

好奇心のレベルが高い人は、記憶を担当する脳の中の海馬や、報酬系に関わる領域（腹側被蓋野《ふくそくひがいや》、側坐核《そくざかく》、中脳黒質《ちゅうのうこくしつ》等）の活動が活発になります。**問いへの正答率も、好奇心のレ**

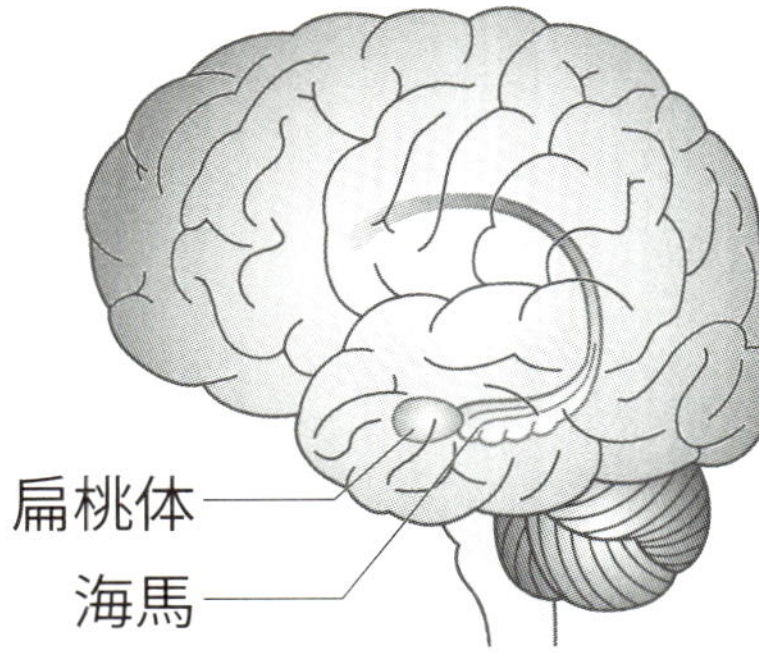

ベルが高かった人の方が高いのです。好奇心が高い人というのは、「～を知りたい」「～をしたい」と、ワクワクしながら物事に取り組める人です。このようなワクワク感が記憶力を高めるのです。

注意しなければならないのは、イヤイヤ行う勉強です。ここには「扁桃体《へんとうたい》」というアーモンド型をした脳の領域が関わってきます（扁桃はアーモンドのことです）。上のイラストのように、記憶を担当する海馬の隣には、ストレスや不安に関わる「扁桃体」という領域があります。

これらは機能的に、しっかりと連携しています。ストレスや不安があると、扁桃体が海馬の活動にマイナスの影響を与えてしまうのです。感情と記憶力に、密接な相関があるのはそのためです。

好奇心は、将来の認知症リスクを下げる可能性がある

好奇心は、どの世代にとってもとても大事な「サプリ」です。

私たちが「東北大学加齢医学研究所」で行った研究で、知的好奇心レベルが高いと、高次認知機能を担う領域である「側頭部頭頂部」の萎縮がより抑えられるということを明らかにしています。[*6] 好奇心が高い人ほど、脳の健康が保たれることが、科学的に証明されたのです。

私自身も多くの趣味を持っています。種々のスポーツ、楽器演奏や自然観察、芸術鑑賞、車、読書、かなりのことを仕事の合間にしています。これらは脳の可塑性を高める上でも、主観的幸福感を高める上でも、会話のエッセンスとしても、非常に重要で、いずれも脳の健康の維持や将来の認知症リスクを下げる上で重要なものです。

趣味は何でもいいのです。**好きを突き詰めるだけで、皆さんの脳は元気に保たれるからです。**みっちりとした脳を保つために、好きなことを続けていきましょう。

「親子で同じ趣味」がおすすめなワケ

すでに好きなことが見つかっている皆さんは、それを突き詰めて下さればいいのですが、小さいお子さんを持つ親御さんは、「子どもの好きがわからない」といいます。それは当然です。まだ、数年しか生きていないのですから、世の中に何があるのか、どう選択すればいいのかがわからないのが普通です。

そのような場合は、親が好きなものを一緒に楽しめばいいでしょう。そうすると、子どもは自然と親が好きなものを好きになってくれます。**これは「単純接触効果」といって、接する回数が増えるほど、その物事に「興味・関心・好意」が増す現象です。**例えば「昆虫図鑑が家にあると、昆虫好きになる」というのはこの効果のおかげです。目に触れた回数が多いものを、人は好むようになるのです。

「親の興味を押し付けていいの？」と心配される方がいるかもしれませんが、親の興味の対象に誘導するというのは、決して悪いことではありません（無理強いはだめですが）。

親子の会話は脳にも好影響

コミュニケーションという観点から見ても、親と同じ趣味を持つことはプラスです。なぜなら、同じ趣味を持つことで、親子の会話が増えるからです。

「1時間あたりの育児量と肯定的な発話内容が多いことが、その後の子供のＩＱに強く関連していた[*7]」「親から肯定的に豊富な語彙で多く話しかけられていた1〜2歳児は、そうでない群よりも3歳になった際に語彙数が2倍になり、ＩＱが1・5倍高かった[*8]」「コミュニケーション能力の達成は、学生の学業成績の向上と有意な相関が見られた[*9]」など、**親子の肯定的な会話の量と、培われたコミュニケーション力が、子どものＩＱや成績を上げることは様々な調査で証明されています。**

難しく考える必要はありません。

私は昆虫が大好きなので、息子と自分それぞれ網を持って、「どっちがトノサマバッタをたくさんとれるか」と競い合いました。図鑑も一緒に読みました。図鑑があるもの（昆虫、動物、電車、植物、星、魚、鳥、恐竜など）は、実物と一緒に本と現実の世界を結びつけるといいですね。恐竜は実物はいませんが、化石があります。これも単純接触効果を高めてくれます。

楽しく親子でたくさん会話をすれば、子どもは賢く育つのです。

子どもは親をマネして育つ

親子で同じ趣味をするのがいい理由には、「ミラーニューロン」が私たちにあるからです。ミラーニューロンは、相手の動きに反応するだけでなく、相手の動きを見ているときにも、聞いているときにも反応します。*10 そして、ミラーニューロンによって、他者の意図を理解することで、共感する力がはぐくまれることもわかっています。これは、社会で生きる私たちにとって、とても重要な能力です。

そうであるならば、模倣する身近な対象である保護者が、自ら楽しんですることを一緒に行うというのは、子どもの行動や感情、社会性の発達にとって大いにプラスになります。親が楽しんでしていることに連れて行くのもいいですし、家で何かを一緒にするのもおすすめです。公園でサッカーをしたり、家でプラモデルをつくったり。できることはたくさんあります。一緒に楽しめることを選んで下さい。

一生懸命な親御さんの中には、休みの日に無理して、動物園や水族館に連れて行く方がいます。親子で楽しめるのであれば素晴らしいのですが、渋滞にイライラし、家に帰ったら「あー疲れた……」とこぼすのであれば、親子ともに脳へのサプリにはなりません。ましてや、「親はどこかで休んでいる」というのでは、ミラーニューロンの出番がありません。

無理せずとも、家で料理をする、ボードゲームをするなど、共に楽しめることをしたほうがいいでしょう。一緒に何かにハマるようになると、お子さんの脳はぐんぐん成長していきますし、親御さんの脳も負けじと生き生きしてくるものです。

脳科学者の私が、楽器演奏をすすめるこれだけの理由

脳を育て、脳を元気にし、脳の老化を防ぐ。どの年代にも効果があり、いつから始めても遅くない、パーフェクトな脳の「万能サプリ」は、楽器演奏です。**楽器演奏を続けてこられた皆さん、才能が開花したのはもしかすると、楽器演奏が脳の成長と健康を支えてくれたからかもしれません。**これからもぜひ、楽器演奏を続けて下さい。

ちょっと音楽に興味がある方は、この本を読み終わったらすぐ、音楽サークルや教室を探すのもいいかもしれません。楽器店に行ってみるのもいいですね。これからの脳のパフォーマンスのアップに、楽器演奏がきっと役に立ってくれます。お子さんの習い事に迷っているという方は、親子で一緒に始めましょう。先にお話ししたように、「一緒に楽しむ」が正解です。

脳の様々な領域と関係する楽器演奏

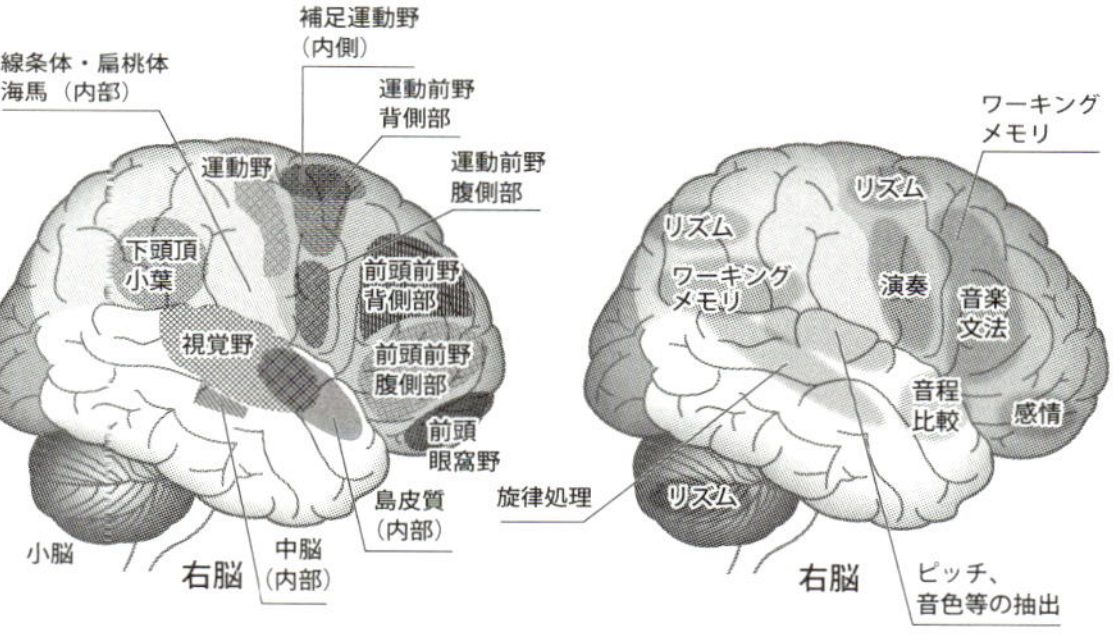

楽器演奏がどれだけ脳を使うか。図を見ていただければ一目瞭然です。[*11]

楽器演奏に関与する脳領域の名前と、それぞれの場所がどのような役割（リズム、旋律処理など）を果たしているかを示した図です。楽器演奏では、これだけの作業を脳が一気に行っているわけです。

脳をフル活用するのが、楽器演奏なのです。

そして楽器演奏は子どもの脳の成長に役立つことが、科学で示されています。

小児期、青年期、成人期におけるピアノの練習が、脳の「白質」に及ぼす影響を調べた研究があります。[*12] 灰白質は「大脳皮質」とも呼ばれる「ニューロン（神経細胞）が集まった脳を覆う皮」でした（37ページ）。一方「白質」は、大脳においては灰白質の内側にある文字通り「白い部分」で、脳の指令を伝達する部分です。

この研究では、どの年代においてもピアノの練習で、脳内の様々なネットワークが発達することが示されましたが、特に小児期においてその相関が顕著に見られたことがわかりました。

楽器のおすすめを聞かれることも多いのですが、そんなときにはピアノをおすすめしています。ピアノは親子で習いやすい楽器です。**我が家でも、息子が「習いたい」と言い出すまでは、私が子どもの前で弾いていました。**息子も、楽しそうな私の姿を見て、習いたいと思うようになったようです。

ピアノは、例えば「ドミソド」とつなげて弾いたとき、「ジャーン」と一度に弾いたとき、それぞれの場合で音を聞き分けなければなりません。それだけ脳に、音の分解というタスクを要求します。ピアノのレッスンを続けることで、細かい音の聞き取りができるようになると、それが語学にもいい影響を及ぼします。

英語の細かい子音の聞き取りや、判別しにくい母音の聞き分けにもプラスです。「L」と「R」は当たり前、「ア」の母音の聞き分けもできるようになるでしょう。

英語のリスニングと音楽の聞き取りは同じ、などとよくいわれます。音楽をすればするほど、音を聞き分けるための脳が育つことは間違いありません。

脳の加齢を抑えるにも、楽器演奏がいい！

楽器演奏は大人の脳の老化防止に役立つことも、科学で示されています。

「非演奏者」と「アマチュア演奏者」、「プロフェッショナル演奏者」の脳年齢を比較したところ、「非演奏者」と比べて演奏者は全体的に脳年齢が低く、脳を若く保てていることがわかりました。

プロよりもアマチュアの方が脳年齢が低かったのは、興味深い結果です。この調査では「一つのものに集中して取り組む音楽家より、いろいろ試すアマチュアの方が脳を若く保つのかもしれない」と分析しています。
もしかすると、いろいろな楽器やジャンルへの好奇心が、アマチュア音楽家の脳の若さを保っているのかもしれません。

表9　演奏者と非演奏者の脳年齢

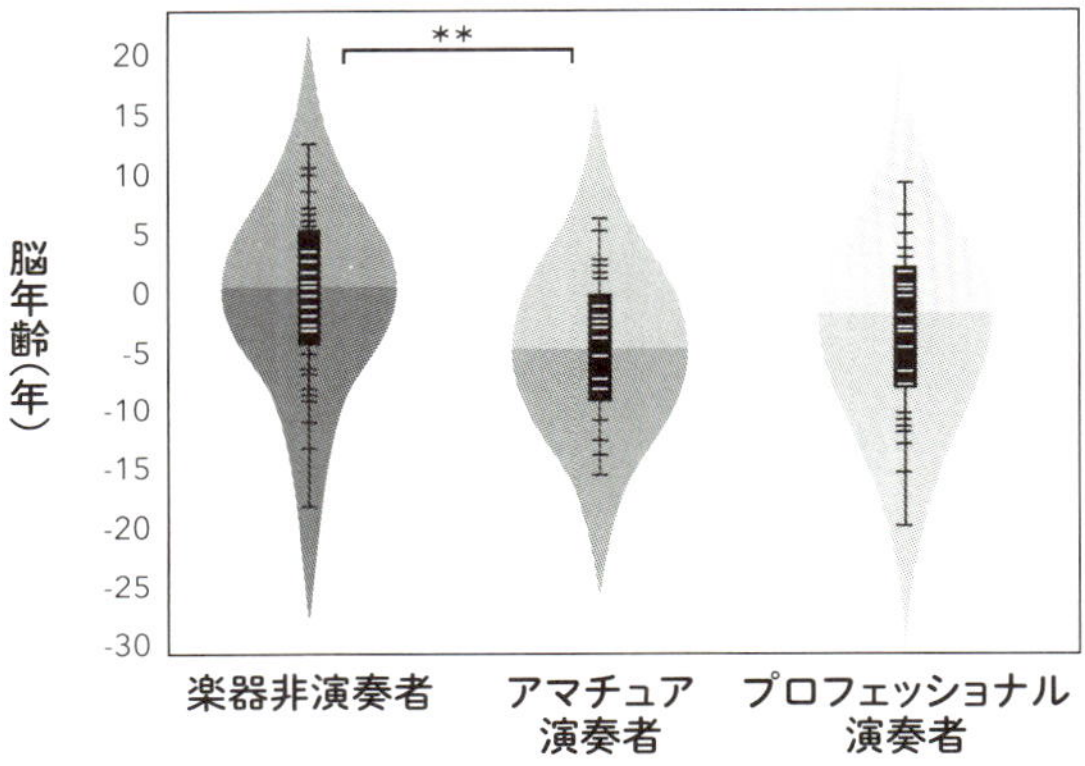

（出所）Rogenmoser et al.（2017）を基に筆者改変

楽器演奏で文法の間違いがわかるようになる

音と、音と脳の関わりとその影響に関して、膨大な研究を続けている音と脳の研究のスペシャリストであるノースウェスタン大学のニーナ・クラウス教授は、その著書『音と脳――あなたの身体・思考・感情を動かす聴覚』[*13]の中で、丸々1章分を「音楽と言語の協調関係」という内容に割いています。なぜならそれだけ、音楽と言語の関わりが深いからです。クラウス教授は「音楽は、読み書きの能力を高めるのに重要な役割を果たす」と述べています。

音楽教育の効果を科学的に示すためにクラウス教授が行った研究があります。[*14,15]小学生と高校生、およそ200名を5年間にわたりテストし、音楽教育の効果を検証したものです。その結果、音楽をする子どもの「サウンドマインド」[*16]が音をうまく処理できるようになると、学業成績と「聴く」スキルが向上したことがわかりました。小学生でも高校生でも音楽をする子だけが、脳における「特定の音要素の処理」が向上し、その音要素は「独自に言語の発達に必要な音要素」であることがわかったのです。

文法の間違い防止にも、音楽が助けになります。*17

学童期の小児で、音楽レッスンを受けている群と受けていない群とを比較したところ、文法間違いを検出するなどの言語処理能力が、受けている群で有意に発達していることがわかりました。

音楽は言語の発達を助けてくれるのです。

もし、早生まれのお子さんが「幼くて心配」というのであれば、一緒に楽器演奏を楽しむのがおすすめです。音楽のスキルが上がるのはもちろんのこと、音楽のレッスンを続けることで言語発達が促され、白質を増やすことで脳を育ててくれるからです。

ストレス解消にも音楽が効く

音楽は好きだけど、もっぱら聞くだけという方も多いと思います。
結論からいえば、脳への影響は演奏や歌唱をした方が大きくなります。ただ、聞くことの効果はゼロではありません。

例えば、乳幼児の子どもに子守歌を歌うコミュニケーションは、子どもの言語、社会性、情動の発達に重要であることがわかっています。[*18] これから早生まれの赤ちゃんを迎える方、まだ幼いお子さんがいる方は、子守歌を歌ってあげて下さい。お子さんの脳は、聞くことによって育ちます。

大人の音楽鑑賞にも、もちろんメリットがあります。**音楽を聞くことによって得られる強い快楽が、報酬系である線条体系のドーパミン放出につながることがわかっています。**[*19] ワクワクする気持ちが、ドーパミンとつながるからです。音楽は聞くだけで、幸せになることができるのです。

このようなエビデンスがなくても、私たちは音楽の良さを十分に知っているはずです。

音楽は聞くだけで、ストレスレベルを下げてくれます。本当に悲しいことがあったときに音楽を聞くと、悲しい気持ちにもなりますが、美しい気持ちにもなる。ネガティブな感情を、ポジティブな感情として受け止めやすくしてくれるのです。音楽は、感情をプラスの意味で揺さぶるからです。失恋をしたときに、失恋の歌を聞いて泣くのはそのためです。実際そうすることで、ストレスレベルは下がるのです。

中年以降の楽器演奏は認知機能にプラスになる

幼い頃から音楽を聞き、楽器を演奏し、歌を習うことの効果は、後の言語習得や学業成績、社会性の獲得など、幅広く、そして人生の長きに渡ってプラスの効果をもたらします。ですから、お子さんがある日突然、「オレ、バンドやるわ」と言い出したら、ラッキーです。その音楽活動はきっと、お子さんの人生にプラスになります。

いつから始めても、遅いということはありません。脳には可塑性がありますから、始めたときから、脳は新しいことをぐんぐん吸収し始めます。

私は研究として、中高年のバンド活動や楽器セッションの効果を調査しています。認知機能にプラスなだけでなく、ストレスが軽減され幸福感が高まることがわかってきました。**やはり、楽器演奏をするのに、遅すぎることはないのです。**この本を読んでいる音楽好きな早生まれ族の方は、ぜひ音楽を続けて下さい。興味がある方は、ぜひチャレンジを。

「審美眼」に生まれ月は関係ない

生まれ月に全く関係しないのが、審美眼です。**美の分野に関しては、遅生まれが有利だとか、早生まれが不利だとかいう話は聞いたことがありません。**「審美眼を磨く」といわれるように、美しいものを美しいと感じる力は、経験によって培われるものです。言い換えればこれは、本物を見極める力、本質を見抜く力ともいえます。嘘があふれる世の中で、この力を持つことはとても重要なことです。

すでに皆さんが持っているのが、日本語の美しさを感じる力です。自宅のポストに、「てにをは」が崩れ、変わったフォント（活字）が使われた投資情報が入っていたら、すぐに「怪しい」と思うはずです。それは、日本語の自然な文章やそれを表現するための適切な表現方法が、すでに皆さんの中にインストールされているからです。チラシの文章は、日本語的に美しくないため、本物ではないと気づくことができるのです。

忙しいときは「美」だけを意識してみて

美しいものを見る、本物に触れる、自然に親しむ、旬のものを食べる。どのような方法でもいいでしょう。そしてできるだけ、多くの美にふれるように意識できるといいですね。

私自身は、昆虫から始まり、昆虫や貝殻が持つ構造の美に夢中になりました。それはやがてクラッシックカーのような工業デザインへの興味へと移ります。同様の理由で、建築も大好きです。審美眼は、好きなものを追求し続けることによって磨かれ、広がります。これが人生のとてつもない力になっていきます。

また、審美眼はビジネスにも有効です。良いビジネスモデルは「美しい」と感じるものだからです。

もし、美術が好きなら、お子さんを連れて絵画展や展覧会へ。山歩きが好きなら、たくさんの自然の美を体験することができます。旬の食材を楽しむことも、美の一つです。幼い頃から本物に触れられたお子さんは幸せです。

美を意識した子育ては、そもそも有利、不利といったことを超越することができます。

私は脳科学者ということで、つい「こうすると脳にいい」「エビデンスがある」という話に偏りがちにはなるのですが、忙しい中で何か一つだけ意識しなければならないとしたら、「美」を意識すると良いと思います。先にお話ししたように、審美眼はその後の人生において、本物を見極める力、本質を見抜く力に育ってゆくからです。

本好きな早生まれ族のメリット

ここまで本書を読み進めてこられた皆さんに、ねぎらいの意味を込めて読書のメリットをお伝えしておきましょう。読書は決して、無駄ではありません。

まず、読書はストレスを和らげます。

たった30分間の読書が、学生にヨガ等と同様に、ストレスレベルを低下させることが明らかになっています。[*20] また、64歳以上の高齢者、1962人をサンプルとした14年間にわたる追跡調査では、読書活動が多いほど、将来の認知機能低下のリスクを低減することがわかりました。[*21]

もちろん、子どもへの影響は大きなものです。

文部科学省の「体験活動等を通じた青少年自立支援プロジェクト（令和2年度）」に

おいても、「小学生の頃の読書量は、その後の新奇性追求、感情調整、肯定的な未来志向、向学校的な意識に良い影響を与える」と結論づけています。

お子さんが聞いてくれる間は、寝る前の15分を読み聞かせの時間に当てましょう。自分で読みたい本が出てきたら、その15分を親子で本を読む時間に変えてもいいですね。なにせ読書は、大人の脳にも良い影響をもたらすのですから。

早生まれの子どもは特に、脳の可塑性を高めていることは何度もご説明してきました。同い年の子が読んでいるような本を読み聞かせるのも、この可塑性を高めるのに役立つでしょう。本が好きになったら、最高の好奇心が育ちます。早生まれにとって読書はいいことばかりなのです。

好きなことに没頭できる早生まれは最強

脳の機能から見れば、差が出るはずもないのに、早生まれは学業や運動など、様々な面で不利だと指摘されてきました。「学年」という縛りがあるために、どうしても発達に差がある段階で、集団生活を始めなければならない。そのために、褒められたり、認められたり、代表になったりする機会が減ってしまいがちになることが、環境要因として働いているのかもしれません。

一方で、一足早く集団生活、勉強、運動、音楽など、多くのことを始める早生まれ族は、脳の可塑性の面で有利ということになります。人より若い脳で、何事も学び始めることができるからです。

環境要因を打ち消し、脳の可塑性を生かすために大切なものの一つが、自己肯定感です。実際、本人が努力すること、周囲がその努力を褒めることで、自己肯定感が高まることがわかっています。早生まれ族がその能力を発揮するためには、夢中になることに没頭できる環境が必要です。何かに熱中することで、努力も苦にならず、周囲から認められる機会も増えていくからです。

受験においては、「いつ勝負すべきか」を、遅生まれ以上に真剣に考えると良いでしょう。中学受験をする場合は、子どもの成熟度を見極め、「結果」ではなく「努力」を認めるようにします。そして大切なのは親子で取り組むことです。親が子どもに教わるくらいの気持ちで臨みましょう。

「3つのできる」が早生まれの才能を伸ばす

いわゆるエリートコースに簡単に乗ることができなかったとしても、心配することはないと思います。その事自体が、有利に転ずる時代に、私たちは生きているからです。好きなことをし続けるのは、実はそれほど簡単なことではありません。特に、決められたコースに乗っている人々にとっては、そのコースからの離脱は恐怖です。

一方、好きなことだけをしてきた、する環境にいたという早生まれ族にとって、それは当たり前のこと。ですから、極端に恐れるものではないと思います。

自己肯定感を保つためには、「ちょっとできる」を3つ持つことをおすすめします。

「ちょっとできる」を掛け合わせていくと、オンリーワンになるからです。世界一でなくてもいいのです。「ちょっとできる」の集合が、いつしか個性になっていきます。

親御さんの中には、どうしても学年で比べてしまうために、不安になってしまうという方がいるかもしれません。「群」として見れば、特に幼いうちは、差があるかもしれません。しかし、その「群」が個人に当てはまるわけではありません。

一方で、ちょっと幼いと感じられる部分があるなら、たくさん愛情をかけて育てればいいのです。子どもをしっかり見つめ、その努力を見つけて、適切に褒める。**「（早生まれだから）しょうがない」ではなく、「（早生まれなのに）ここまでできてすごい」に言い換える。**

そのような丁寧な働きかけこそが愛情ですし、愛情をたっぷり受ければ、自己肯定感は保たれます。それこそが将来の学業成績や生きる力につながっていくのです。

すごい早生まれの秘密

本書では、早生まれを「本当はすごい」としてここまで論じてきましたが、実際に早生まれで活躍されている〝すごい〟方のお話を聞くことで、早生まれ族のサバイブ方法や、「好き」を貫くマインドセットを見習うことができます。

今回は、当時最年少で文藝賞や芥川賞を受賞され、文壇でご活躍されている綿矢りささん。そして起業家であり、武蔵野大学アントレプレナーシップ学部長でもある伊藤羊一さんにお話をうかがいました。

早生まれの方も早生まれのお子さんを持つ方も、「すごい早生まれの法則」への解像度が高まるはずです。

すごい早生まれ① 綿矢りささん

綿矢りさ（わたや・りさ）

1984年2月1日。京都府生まれ。早稲田大学教育学部卒業。2001年『インストール』で第38回文藝賞を受賞しデビュー。2004年『蹴りたい背中』で第130回芥川賞を受賞。2012年『かわいそうだね？』で大江健三郎賞、2020年『生のみ生のままで』で島清恋愛文学賞受賞。『勝手にふるえてろ』『ひらいて』『私をくいとめて』『夢を与える』など映像化作品も多い。他の著書に『憤死』『大地のゲーム』『手のひらの京』『意識のリボン』『オーラの発表会』『あのころなにしてた？』『パッキパキ北京』などがある。

瀧靖之（以下、瀧）　早生まれに関して、意識されことはありますか？

綿矢りさ氏（以下、綿矢）　小学生の頃、自分はすごく背が小さかったり、体育ができなかったりしたのですが、早生まれのせいという認識はありませんでした。単に自分ができないだけだと思っていました。「早生まれ」という言葉を意識するようになったのは、高校とか大学くらいになってからです。

瀧　何かきっかけなどがあったのですか？

綿矢　大学生くらいになると、「早生まれなんだね」という人がちょくちょく出てきたからかもしれません。あとは小説を書くようになってから、角田光代さん（3月8日生）が「小説家は早生まれが多い」とおっしゃっていたのを聞いて、そのときに「そうなんやな」って。そんな感じで、だんだん早生まれの存在に気づいてきました。知ってからは、ちょっと謎が解けるというか。もしかしたら性格とか個人の能力の問題ではなく、「早生まれが原因だったのかも」と、後々思い返すこともありました。

瀧　早生まれってどうしても、小学校低学年の頃は体格的に不利な部分がありますから、運動系より文化系のことが好きになるということがあるのかな、と感じました。

綿矢　そうですね。低学年の頃は、他の子より体が小さかったり、口で言い負かされたり。かけっことかでは、すごく疲れたりして。今思えば、周りの子たちが大人に見えていました。一人で読書をするのであれば、他人と自分を比較せずにすむので、それが趣味になった可能性はあると思います。昼休みは図書室に行って、本を借りて読んでいましたね。小さい頃は風邪をひきやすく、学校を休んだりすることもままあったので、そんなときにも本や漫画を読んでいました。

同級生でも自分よりかなり年上に見える子が多くいて、すごく劣等感を感じていました。今思えば、自分が早生まれだということを知っていれば、そこまで劣等感を持たずにすんだかもしれません。背の順も前から2番目ぐらいだったのですが、そのことにもすごく悩んでいたので。「生まれた月が違うだけなんだよ」といってもらえたら、だいぶ違ったかもしれません。

瀧 「早生まれ」だと、いってもらえたら良かったと。

綿矢 はい。自分が子どもの頃は気づかなかったのですが、息子を育てていて思うのは、半年で子どもはすごく成長するということです。それを見ていると、同じ教室で学んでいた幼い頃の自分は、結構大変だったろうなと思います。

瀧 早生まれで良かったことはありますか？

綿矢 若いんですよね。同級生よりちょっとだけ。くだらないことなんですけどね。ちょっとだけ後輩気分だったり、逆に1学年下の人に親近感を持ったりしていました。それくらいですかね。

瀧　『インストール』で文藝賞を受賞されたときには、最年少タイ記録として話題になりました。17歳でしたね。

綿矢　ええ。あのときは早生まれに感謝したような気がします。

——「早生まれ」で始まった映画化のモノローグ

瀧　小説を書くときに、早生まれの体験を入れたりしたことはあるのでしょうか。

綿矢　多分ないと思います。ただ『ひらいて』という小説を映画化してもらったときに、「3月生まれは変わった人が多いと前に言っていましたね」という感じのモノローグから始まっていたのです。小説では書いていないので、首藤凜《しゅとうりん》監督がつくったところなのかな。でも、すごくそれが小説に合ってたんですよね。「自分で書いたのかな」と思うくらいしっくり来ていて。

瀧　監督は小説の中から、そういった要素を感じ取ったのかもしれませんね。

綿矢　映画の一番初めの言葉ですから、すごく重要ですよね。とても繊細な登場人物が出てくる話なんです。生まれ月というキーワードを持ってきたのは、監督の感性なのだと思います。とても印象的でした。

瀧　綿矢さんは、他人と自分を比較せずにすむ読書に出会ったことで、そこから大きく花開いていかれた。その過程を「早生まれ」という観点からお聞きできて、学ぶところが多くありました。

綿矢　確かに想像力がはぐくまれるのは、自分でも早かったと思います。想像とか、自分の内なる世界みたいなものに、早く気がつくことができた。「自分はこれしかできない。これだけが好き」ということは、子どもの頃からすごくはっきりしていました。ですから本を読むだけでなく、本を書き始めたのも早かったのだと思います。

みんなより未熟な感じで、不得意なことが多すぎたので、得意なことが逆に早く見つかったのかもしれません。いろいろなことが器用にできていたら、能力が分散したかもしれません。

瀧　綿矢さんは高校生の頃から精力的に活動されているので、早熟な印象がありました。若い頃から抜きん出ている、というような。その印象が逆転するようなお話で、少し驚いています。

綿矢　そこだけ早熟だったんですよね。大人になると、一つのことができる人が重宝されるということを身にしみて感じます。学校教育とはまた違うものが、社会で求められているということに、途中で気づくことになります。でも、気づいてからだと遅いときもあります。ですから早生まれの人も、これができない、あれができないと思っても、何か一つできることがあれば、早めにその芽を伸ばしていけばいいのだと思います。

瀧　本当にその通りですね。

綿矢　うん、頑張ってほしいです。早生まれで、特にいい思いをしたことって、なかったんです。ですから、「すごい早生まれ」といった形で取り上げてもらえるのは、「早生まれ族」にとって、すごく励みになります。

すごい早生まれ② 伊藤羊一さん

伊藤羊一（いとう・よういち）

1967年3月16日生。武蔵野大学アントレプレナーシップ学部 学部長。Musashino Valley代表、Voicyパーソナリティ。アントレプレナーシップを抱き、世界をより良いものにするために活動する次世代リーダーを育成するスペシャリスト。2021年に武蔵野大学アントレプレナーシップ学部（武蔵野EMC）を開設し学部長に就任。2023年6月にスタートアップスタジオ「Musashino Valley」をオープン。「次のステップ」に踏み出そうとする全ての人を支援する。また、ウェイウェイ代表として次世代リーダー開発を行う。代表作『1分で話せ』は67万部のベストセラー。

瀧靖之（以下、瀧） 早生まれについて「不利」という話を聞いたことはありましたか？

伊藤羊一（以下、伊藤） 僕は3月生まれなので、不利とかよりも「早生まれだと発達も遅いし、なんかかわいそう」みたいな感じで、いわれていました。ただよくよく思い返してみると、やはりね、発育は遅かったんですよ。だから、自分では何がかわいそうなのか全然わからない。でね、今回母親に聞いてみたんですよ。

瀧 当時の様子を。

伊藤 そうしたら、「あなたはいつもニコニコしてたわよ。言葉数は多くなかったわね」って。それが早生まれのせいかはわかりませんが、確かに人のいっていることが、よくわからなかったんですね。人が何を話しているのか。だから、好きなことだけ話していたそうです。「忍者ハットリくん」の話とかね。雑談レベルでも、そんな状態ですから、学校の授業も、基本、わからないんですよ。

瀧　そうなんですか。でも、名門の麻布中学から東大へ進学されていますよね。

伊藤　一方で、受験勉強はできたんです。小学校の頃は友だちもあまりいなかったので、外で遊ばず家にいたんです。家には3年上の姉貴がいて、おふくろに毎日勉強を教わっていました。僕はすることがないので、隣でずっと見ていたんですね。それで何となく、3年先の勉強をずっと頭に入れていた。

瀧　家にいて、お姉さんの勉強を見ていたことが、プラスになったのですね。

伊藤　大学受験は、1年浪人をしました。それで、勉強しないとやばいと。暗記力だけはあったので、問題も解法も全て丸暗記しました。だから、他の人がどう理解して、自分がどの程度までしか理解できないのかということは、ずっとわからなかったんですね。おそらく、36～37歳くらいまで、そんな状態でした。

瀧　転機はいつですか？

伊藤　グロービス経営大学院に通い、クリティカルシンキング、ロジカルシンキングを学んでからです。「頭がいい人は、こうやって考えているんだ」ということに、めちゃめちゃ衝撃を受けました。それから勉強を始めて、10年ぐらいかけて、人のいっていることがやっとわかるようになったのです。

瀧　それだけ勉強されたということは、コンプレックスがあったということでしょうか？

伊藤　そうです。ずっとコンプレックスだったんですよ。コミュニケーションできるということは、すなわち頭の良さだと思っていましたから。受験は暗記で突破できたけど、俺は基本馬鹿なんだなって、ずっと思っていたんですよね。でも、頭を良くする方法なんてないから、あんまり気にしないようにしていた。それが解決したのが、30代後半です。

僕の20代は、一生懸命仕事をしていただけです。興銀（日本興業銀行）にいて、仕事は別に嫌いじゃなかったんですが、みずほ銀行と一緒になるときに退職しました。事業そのものをやりたいなと思ったんです。それで、オフィス用品の「プラス」に。その頃プラスは、アスクルを生み出していて、勢いがありました。銀行出身者として入ったので、経営企画や財務に、という話もあったのですが、それじゃあつまらないなと。オーナーと話をして、物流に行かせてもらいました。

瀧 新しいことに挑戦したのですね。

伊藤 そうしたら、それこそ周りの話している言葉が全然わからない。銀行員として14年間、一つのことを積み上げてきて何となくわかったような気になっていたのですが、「物事の考え方」が、全くわかっていなかったのです。そこで、「やばい」と思いました。グロービスで学ぶことにしたのは、それがきっかけです。

２００８年のリーマン・ショックで思うようにいかず、降格も経験しました。その後、事業統合のプロジェクトを提案し、成功したことで自己肯定感が上がってきました。学んだことを使ってみたら、うまくいったからです。２０１１年、震災の復興を担当し、この辺りから、様々なことに飛び込むようになりました。ソフトバンクの孫正義さんに、プレゼンをしたり。

瀧 学びながら、事業を動かす。研究をしながら、企業経営をしている私としては、共感する部分が多いです。

伊藤 成長って、じわじわなんですよね。成長しているときには、自分ではわからない。後から振り返って、結果を見て気づく。そんな感じです。

――学んで覚えたコミュニケーション

伊藤　コミュニケーションの苦手さが、早生まれによるものなのかはわかりませんが、僕は子どもの頃本当に喋らなかったし、喋るとからかわれるし、学校に馴染めない部分がありました。感覚的なところは、生まれ月は関係ないはずですが、コミュニケーションの苦手さにおいては、早生まれの影響があったのかな、と思います。もちろん「N＝1（あくまでも一個人の例）」のケースでいえば、ですが。

瀧　でも今の伊藤さんのお話は、多くの方に当てはまるものだと思います。コミュニケーションにしても、労なくできていると思っている人の方が、学習する機会を失っているのかもしれないですね。

伊藤　そうだと思うんですよ。「人がどの立場で、どんな思いを持って、何を目指して、周りはどんなことを考えて、自分は何を答えればいいのか」ということが、明確にイメージできるようになったのは、ロジカルシンキング、クリティカルシンキングを学んでから、40歳を過ぎてですから。

瀧　苦手なものがあるからこそ意識をする。頭の中にアンテナが立っていて、何かあったときに、そこに引っかかるものがおありなのでしょうね。

伊藤　本当にそうだと思います。本を書いているのも、コミュニケーションに悩んだり、人間関係に悩んだり、生きづらかったりという中で、例えばロジカルシンキングができるだけで変えられることがあると伝えたかったからです。人生、変わることがあるし、人は変われるんです。

僕自身、今でも学ぶときには、自分の経験を大事にしています。時間があったら、直接経験する。これまでも、そうやって自信をつけてきた経緯があるからです。私、今58歳なんですけど、もうバンバンに成長するんですよ。最初の苦労があったからこそ、今でも成長できるのだと感じています。

瀧　「大器晩成」というのは、人生の後半になっても充実しているということですよね。早生まれで、人からちょっと遅れるところがあったとしても、それを乗り越えるために努力し続けることで、結果としてプラスになることがあるのだと感じます。

伊藤　銀行に入った頃、周りがみんな優秀で、実際僕は160人いた同期の中で、補習を受けさせられた4人の中の1人だったんです。ただ、当時エリートだった同期が活躍しているかというと、そんなこともない。そのまま年をとったり、「あのとき俺は優秀だった」というプライドが邪魔して、活躍できない人をたくさん見ています。もったいないですよね。今、楽しめばいいじゃん、と思います。僕はコンプレックスを持ちながら、いろいろなことをやってみて、最初はうまくいかなかったけれど、40歳を超えたくらいから結果が出るようになってきました。
コンプレックスは良いように料理すれば、役に立つんです。

おわりに

本書を手にとって下さり、そしてここまで読んで下さり、どうもありがとうございました。きっと本書を手にとって下さった方は、多かれ少なかれ、ご自身、お子さん、あるいは他の御家族、お知り合いの方に早生まれの方がいらっしゃって、そして早生まれに関する何かネガティブなイメージがあったのではないでしょうか。本書を読み終えて、早生まれに対するイメージは変化しましたか。

かくいう私も、息子が早生まれということもあり、本当に早生まれは不利なのかどうかを深く追求したかった、というのが本心です。

本書は、早生まれに対しての悪しきステレオタイプを壊し、本当はすごい早生まれの可能性を模索することを目的としていました。とはいえ、当然ですが「早生まれが絶対的にすごい」と言いたかったわけではありません。物事は白か黒で決まるわけではなく、プラスの面、マイナスの面の両面があり、その割合が状況によって

多少異なるだけなのだと思います。早生まれにもプラスもマイナスもある。そしてそれはその人が生きる環境によって左右される。そんなことがわかっていただけたのではないかと思います。

それでも、皆さんが本書を読んで「早生まれは不利」というステレオタイプから少しでも脱することができたら、こんなに嬉しいことはありません。

本書の執筆にあたり、快くインタビューを引き受けてくださった綿矢りささんと伊藤羊一さんに、心より御礼を申し上げます。綿矢さんにいただいた「早生まれ族」という言葉は、早生まれの人々を緩やかにまとめる力強いキーワードとなりました。伊藤さんからは、早生まれ族が目指すべき「大器晩成」という生き方について、変化し続けることの大切さとともに教えていただきました。

本書が多くの方の手に渡ることで、皆さんの人生が、子育てが、受験が、仕事がさらに良い方向へと変化することを心から祈念しています。

(3) OECD主徒の学習到達度調査（PISA）: 国際的な学習到達度に関する調査。15歳児を対象に読解力、数学的リテラシー、科学的リテラシーの三分野について、３年ごとに行われる。

(4) 内山三郎、丸山圭藏。『医学部入学と早生まれとの関係』。医学教育、25 (6)、343-348、1994

第３章

(1) 『Dark Horse「好きなことだけで生きる人」が成功する時代』トッド・ローズ、オギ・オーガス（著）、大浦千鶴子（訳）、伊藤羊一（解説） 三笠書房

(2) 『ホワイトカラー消滅　私たちは働き方をどう変えるべきか』冨山和彦（著） NHK出版新書

(3) Root-Bernstein, R, et al. Arts foster scientific success: Avocations of Nobel, National Academy, Royal Society, and Sigma Xi members. Journal of Psychology of Science and Technology, 2008, 1(2), 51-63.

(4) Karin Moesch, et al. Making it to the top in team sports: Start later, intensify, and be determined. Talent Development and Excellence,2013, 5(2), 85-100.

(5) Matthias J Gruber, et al. States of curiosity modulate hippocampus-dependent learning via the dopaminergic circuit. Neuron, 2014 Oct 22;84(2):486-96.

(6) Taki Y, et al. A longitudinal study of the relationship between personality traits and the annual rate of volume changes in regional gray matter in healthy adults. Hum Brain Mapp. 2013 Dec;34(12):3347-53.

(7) Betty Hart, et al. American parenting of language-learning children: Persisting differences in family-child interactions observed in natural home environments. Developmental Psychology, 1992, 28(6), 1096–1105.

(8) Betty Hart, et al. Meaningful Differences in the Everyday Experience of Young American Children. Baltimore, MD: P.H. Brookes Publishing, 1995.

(9) Mahmud Maria Mahmud. Communication Aptitude and Academic Success. Procedia - Social and Behavioral Sciences, May 2014, 134:125–133.

(10) Evelyne Kohler, et al. Hearing sounds, understanding actions: action representation in mirror neurons. Science, 2002 Aug 2;297(5582):846-8.

(11) 藤澤隆史ら。『音楽情報処理技術の最前線「音楽を鑑賞する脳」』。情報処理 2009-8、50(8)764－770

(12) Sara L Bengtsson, et al. Extensive piano practicing has regionally specific effects on white matter development. Nature Neuroscience, 2005 (8),1148–1150.

(13) 『音と脳――あなたの身体・思考・感情を動かす聴覚』ニーナ・クラウス（著）、伊藤陽子（訳）、柏野牧夫（解説） 紀伊國屋書店

(14) AdamTierney, Nina Kraus, et al. High school music classes enhance the neural processing of speech. Front Psychol, 2013 Dec 6:4:855.

(15) Jane Hornickel, Nina Kraus, et al. Subcortical differentiation of stop consonants relates to reading and speech-in-noise perception. Proc Natl Acad Sci USA, 2009 Aug 4;106(31):13022-7.

(16) サウンドマインド：音と、音と脳の関わり、それが人に及ぼす影響をまとめて表現したもの。脳における音の処理。サウンドマインドは、人生の中で環境や経験により変化し、形作られる。

(17) Sebastian Jentschke, et al. Musical training modulates the development of syntax processing in children. Neuroimage, 2009 Aug 15;47(2):735-44.

(18) Sandra E Trehub. The developmental origins of musicality. Nat Neurosci, 2003 Jul;6(7):669-73.

(19) Valorie N Salimpoor, et al. Anatomically distinct dopamine release during anticipation and experience of peak emotion to music. Nat Neurosci, 2011 Feb;14(2):257-62.

(20) Denise Rizzolo. Stress Management Strategies For Students: The Immediate Effects Of Yoga, Humor, And Reading On Stress. Journal of College Teaching & Learning (TLC), 2009 Jan, 6(8):79-88.

(21) Yu-Hung Chang, et al. Reading activity prevents long-term decline in cognitive function in older people: evidence from a 14-year longitudinal study. Int Psychogeriatr, 2021 Jan;33(1):63-74.

参考文献・資料

序章

(1) Shintaro Yamaguchi, et al. Month-of-Birth Effects on Skills and Skill Formation, June 2023, Labour Economics, 84(4).

(2) Laura Chaddock, et al. A neuroimaging investigation of the association between aerobic fitness, hippocampal volume, and memory performance in preadolescent children. Brain Research, 2010 Oct 28:1358:172-83.

(3) Seyyed N. Hosseini, et al. Locus of Control or Self-Esteem; Which One is the Best Predictor of Academic Achievement in Iranian College Students. Iran J Psychiatry Behavioral Sciences, 2016 Mar 15;10(1):e2602.

(4) Shahrzad Elahi Motlagh, et. al. The relationship between self-efficacy and academic achievement in high school students. Procedia - Social and Behavioral Sciences, 15, 765-768, 2011.

(5) S Wheelwright, et al. Predicting Autism Spectrum Quotient (AQ) from the Systemizing Quotient-Revised (SQ-R) and Empathy Quotient (EQ). Brain Research, 2006 Mar 24;1079(1):47-56.

(6) Nitin Gogtay, et al. Mapping gray matter development: implications for typical development and vulnerability to psychopathology. Brain and Cognition, 2010 Feb;72(1):6-15.

(7) Steven J. Spencer, et al. Stereotype Threat and Women's Math Performance. Journal of Experimental Social Psychology , Volume 35, Issue 1, January 1999, Pages 4-28.

(8) Carlo Tomasetto, et al. Girls' math performance under stereotype threat: The moderating role of mothers' gender stereotypes. Developmental Psychology, 47(4), 2011, 943-949.

(9) ジェンダーギャップ指数：世界経済フォーラムが「男性に対する女性の割合（女性の数値／男性の数値）を発表したもの。ランキングで発表している。

第1章

(1) 178ページのインタビューに登場の綿矢りささん命名。

(2) 早生まれ一斉アンケート：対象は国内で0～18歳の早生まれの子どもを育てている男女100人（養育者の性別：男57、女43）。

(3) 『叱らない、ほめない、命じない。－あたらしいリーダー論－』岸身一郎（著）、小野田鶴（構成　編集）　日経BP

(4) C M Mueller, et al. Praise for intelligence can undermine children's motivation and performance. J Pers & Soc Psychol, Jul;75(1) 1998, 33-52.

(5) 「子供の頃の体験がはぐくむ力とその成果に関する調査研究」国立青少年教育振興機構（2018）

(6) Sue Ramsden, et al. Verbal and non-verbal intelligence changes in the teenage brain. Nature, 2011 Oct 19;479(7371):113-6.

(7) Izumi Matsudaira, Yasuyuki Taki, et al. Parental Praise Correlates with Posterior Insular Cortex Gray Matter Volume in Children and Adolescents. PLOS ONE, 2016 Apr 21;11(4).

(8) 「子供の頃の体験がはぐくむ力とその成果に関する調査研究」国立青少年教育振興機構（2018）

(9) Kylie A Dankiw, et al. The impacts of unstructured nature play on health in early childhood development: A systematic review. PLOS ONE, 2020 Feb 13;15(2).

(10) 『LISTEN――知性豊かで創造力がある人になれる』ケイト・マーフィ（著）、篠田真貴子（監訳）、松丸さとみ（翻訳）　日経PB

第2章

(1) 川口大司、森啓明。『誕生日と学業成績・最終学歴』。日本労働研究雑誌49(12)、29-42、2007-12

(2) 国際数学・理科教育動向調査（TIMSS）：算数・数学及び理科の到達度に関する国際調査。小学４年生、中学２年生が対象。4年ごとに行われる。

本当はすごい早生まれ

2025年3月31日　第1刷発行

著　者　　瀧靖之
発行者　　矢島和郎
発行所　　株式会社 飛鳥新社
〒101-0003
東京都千代田区一ツ橋2－4－3　光文恒産ビル
電話 03-3263-7770（営業）
03-3263-7773（編集）
https://www.asukashinsha.co.jp

デザイン　山之口正和＋齋藤友貴＋高橋さくら（OKIKATA）
イラスト　卯坂亮子
編集協力　黒坂真由子
校正　矢島規男

印刷・製本　中央精版印刷株式会社

ISBN978-4-86801-068-5

編集担当　市原由衣